Tobias Schlegl
See. Not. Rettung.

SEE. NOT. RETTUNG.

TOBIAS SCHLEGL

MEINE TAGE AN BORD DER SEA-EYE 4

Mit 44 Schwarz-Weiß-Abbildungen

PIPER

Mehr über unsere Autorinnen, Autoren und Bücher:
www.piper.de

Von Tobias Schlegl liegen im Piper Verlag vor:
See. Not. Rettung. Meine Tage an Bord der SEA-EYE 4
Schockraum. Roman

Die Abbildungen 7, 11, 18, 21, 23, 28, 36, 37, 44 mit freundlicher Genehmigung von Guillaume Duez und Sea-Eye. Alle anderen Abbildungen stammen vom Autor. Alle fotografierten Personen, deren Gesichter auf den Bildern zu erkennen sind, haben den Aufnahmen im Vorfeld zugestimmt. Die Namen der Geretten und einige Namen der Crewmitglieder wurden geändert.

ISBN 978-3-492-06346-3
© Piper Verlag GmbH, München 2022
Satz: Uhl + Massopust, Aalen
Gesetzt aus der Arno Pro
Litho: Lorenz & Zeller, Inning am Ammersee
Druck und Bindung: CPI books GmbH
Printed in the EU

Gewidmet all den ungezählten Toten am Grunde des Mittelmeers

»You are safe now«, sagt Canelle und fängt an zu klatschen.
Die Gäste klatschen mit. Jubel. Glückseligkeit.
Aber nur kurz. Am Horizont zeichnet sich ein größeres Schiff ab.
Die libysche »Küstenwache«. Diesmal kein Speedboat, sondern
ein Patrouillenboot.
»We need to be faster!«, brüllt unser Erster Offizier ins Funkgerät. Schnell jetzt. Zum zweiten Boot in Seenot ist es nicht mehr
weit. Maria und Mo'Chara rasen voraus. Wir müssen unbedingt
vor der »Küstenwache« da sein.
Plötzlich heißt es, mehrere Menschen seien gesprungen. »There
are people in the water!«, gellt es aus dem Funkgerät. Fuck, das
gerät hier jetzt vom Action- zum Horrorfilm.

Inhalt

DANACH   189

Zurück in der »Normalität«   215

»Alle Menschen sind frei und gleich an Würde und Rechten geboren. Sie sind mit Vernunft und Gewissen begabt und sollen einander im Geist der Solidarität begegnen.«

Allgemeine Erklärung der Menschenrechte, ARTIKEL 1

VORHER

Kapitän über Bord

3. Mai

»Unfortunately our captain just informed us that he will not take part in the mission.« Das kam gerade per Mail. Unser Kapitän ist abgesprungen. Was? So kurzfristig? Erst vor ein paar Tagen hatte er sich in der WhatsApp-Gruppe der Crew vorgestellt. »Looking forward to see you on board«, Daumen hoch, Smiley. Und nun? Was weiß der Mann, was ich nicht weiß? Stimmt etwas mit dem Schiff nicht? Hat er ein Leck entdeckt und sieht zu, dass er Land gewinnt?

Vertrauenserweckend ist das nicht. Vielleicht sind es persönliche Gründe. Vielleicht hat er sich doch noch mal schlau gemacht und realisiert, dass manch Kapitän und Kapitänin eines Seenotrettungsschiffs angeklagt wurden. Ob er auch mitbekommen hat, dass die Verfahren bisher immer in Freisprüchen endeten?

Bestimmt verschiebt sich die Mission. Ich muss den Flug umbuchen. Oder die Sache fällt ganz aus. Wäre das so schlimm? Jein. Ich spüre, wie sich Erleichterung in mir ausbreitet – und Enttäuschung.

»Kapitän*innen, die abspringen, sind keine neue Herausforderung«, schreibt mir der Sea-Eye-Vorsitzende Gorden. Na dann. Erleichterung und Enttäuschung weichen, Anspannung und Aufregung erobern meinen Magen zurück. Wir sollen fliegen und uns morgen in Spanien treffen. Auch ohne Kapitän. Der werde noch »rangekarrt«, schreibt Gorden. Okay. Optimistisch. Seine Nachrichten würden mich beruhigen, wäre da nicht diese leicht verzweifelt klingende Nachfrage in der Rundmail an alle gewesen: »Habt ihr zufällig einen Kapitän in Familie oder Bekanntenkreis?« Also ich zufällig nicht.

Heute ist der Tag vor meiner Abfahrt. Wanderrucksack plus Sporttasche plus kleiner Rucksack stehen gepackt vor mir. Reisepass, Flugticket, Impfpass, Regensachen, Stirnlampe, Medikamente gegen Seekrankheit, Krankenversicherungskarte, Sicherheitsschuhe mit Stahlkappen, Ladekabel, Schlafsack, Badelatschen zum Duschen und alte Kleidung sind bereits verstaut. Zur Klamottenauswahl bekamen wir den Hinweis: »Könnte nach der Mission unbrauchbar sein.« Die Foo-Fighters-Shirts und der Rick-&-Morty-Kapuzenpulli bleiben also zu Hause.

Wie der Kapitän. Ach, verdammt, kann es wirklich sein, dass alles vergebens war? All die Anstrengungen, mir die kommenden Wochen freizuschaufeln, damit ich weg sein kann. All die Online-Vorbereitungskurse, die ich durchgestanden habe. Die Auswahlgespräche und fachlichen Bewertungen. Denn nicht alle, die wollen, werden auch genommen. Hilfsorganisationen wie Sea-Eye überprüfen den Charakter der Bewerberinnen und Bewerber und deren Qualifikation genau – auch

wenn bei meiner Position als Notfallsanitäte[...]
amtlich ist.

Ich darf dabei sein. Meine Mondreise. A[...]
gliedern, Freunden und Freundinnen habe ic[...]
Und viel Anerkennung bekommen. »Res[...]
machst. Mutig.« Danke. Doch nun sind bei d[...]
Erwartungen geweckt. Die Enttäuschung wä[...] groß, wenn es
jetzt nicht klappt.

Nur wegen eines Kapitäns, der kurzfristig das Handtuch
geworfen hat. Jetzt verstehe ich die gestrige WhatsApp-Notiz:
»Kapitän Sea-Eye 4 hat die Gruppe verlassen.« Hatte mir
nichts dabei gedacht. Kann es gut verstehen, wenn Leute keinen Bock auf eine WhatsApp-Gruppe haben. Nicht jeder
möchte mit unzähligen Nachrichten pro Tag zugeballert werden. Wobei in unserer Gruppe bisher nicht wirklich viel passiert ist. Sehr diszipliniert alle. Hat noch keiner Scheiß gepostet, den dann alle mit einem Emoji kommentieren müssen.
Alles anders in dieser Gruppe, da herrscht eine gewisse Ernsthaftigkeit. Diese Ernsthaftigkeit gefällt mir. Das wird kein
Unterhaltungstrip. Wir wollen etwas bewegen. Wir wollen
ein Zeichen setzen. Für die Menschlichkeit – drunter geht es
nicht. Das ist der Anspruch, auf jeden Fall meiner. Ich finde
es unerträglich, dass im Mittelmeer nahezu täglich Menschen
ertrinken. Und die EU, Friedensnobelpreisträgerin 2012,
sieht zu. Europa sollte sich schämen. Jeder Mensch, der gerettet wird, ist ein Zeichen der Hoffnung. Ein Zeichen, dass die
Menschlichkeit noch nicht ersoffen ist. Warum will der Kapitän das nicht mehr unterstützen?

Je näher der Flug rückt, desto aufgeregter bin ich. In den
nächsten Wochen wird mein Leben ein komplett anderes sein.
Keine Privatsphäre mehr. Keine gewohnte Struktur mehr. Nur
Menschen um mich, die ich noch nicht kenne. Mit mehreren
Personen in einer engen Kajüte. Wie oft kann ich mein Zeug

chen? Kann ich regelmäßig duschen? Habe ich Internet-
empfang? Auf dem Mittelmeer eher unwahrscheinlich – digi-
tal detox deluxe. Den Koffein-Detox habe ich bereits vor einer
Woche eingeleitet. Kaffee mag ich eh nicht, aber die zucker-
freien Energydrinks sind abgesetzt. Zum Aufstehen und Über-
den-Tag-Kommen erlaube ich mir höchstens noch Cola Zero,
seitdem bin ich immer müde. Aber ich wollte auf keinen Fall
einen kalten Entzug auf dem Schiff erleben. Dort wird es
sowieso hart genug.

Habe ich Zweifel? Noch könnte ich den Kapitän machen.
Ein »positiver« Coronatest, und ich bin raus. Tief in mir ruft
es: Nichts da! Ich will es, schon lange. Ich will helfen. Trotz
allem Respekt vor dem, was vor mir liegt: An mir wird es nicht
scheitern.

Ich greife nach der Wasserflasche neben meinem Bett und
nehme einen kräftigen Schluck. Ich sollte versuchen zu schlafen. Ich werde die Kraft noch brauchen.

Tag 1
Abflug

4. Mai

» Tobias, hast du eine Lebensversicherung, die im Notfall zahlt? « So reagierten meine Eltern. Nein, eine Lebensversicherung habe ich leider nicht mehr. Kam bei Mama und Papa nicht ganz so gut an. Ansonsten waren sie aber sehr verständnisvoll, haben mich fest gedrückt und mir zum Abschied eine hellblaue Tasse geschenkt: » Nimm dir Zeit für MEER «.

Der Wecker klingelt um 7 Uhr, aber ich bin schon vorher wach. Der große Tag. Jetzt gibt es wirklich kein Zurück mehr.

Sturm über Hamburg. Als wollte das Wetter mich losscheuchen. Wie in Trance suche ich im Flieger meinen Sitz, stecke mir Kopfhörer in die Ohren und lasse Marteria laufen. *Paradise Delay*. Das Paradies muss warten.

In Madrid steige ich um. Eine spanische Frauen-Fußballmannschaft sitzt mit mir in der Maschine nach Valencia. Die Fußballerin zu meiner Rechten möchte nicht reden. Ich auch nicht. Kämpfe mit meinen Gefühlen, diesmal eine Mischung aus Vorfreude und blanker Angst.

Am Flughafen von Valencia treffe ich die ersten beiden Crewmitglieder: Guillaume und Stefan. Guillaume aus Frankreich – klein, langer Bart und Hipster-Beanie – ist für die Dokumentation zuständig, er soll Fotos und Videos machen und für die internationalen Medien bereitstellen. Stefan, wie ich aus Norddeutschland – schwarze, dünne Brille, gräuliches Haar –, ist Internist in Rente und unser Bordarzt, mit ihm werde ich ab jetzt zusammenarbeiten.

Guillaume gibt mir ein High Five, Stefan drückt mich an sich. Auf seiner Brust prangt ein großer Totenkopf, er trägt einen St.-Pauli-Kapuzenpulli. Ausgerechnet. Mein Lieblingsverein. Ich deute das als gutes Vorzeichen.

Wir nehmen ein Taxi nach Burriana. 30 Minuten Fahrt. *Call Me Maybe* scheppert es aus den kaputten Boxen. Nein, kein »Call me« mehr. Das war das alte Leben. Jetzt soll mich bitte keiner mehr anrufen. Ich lehne meinen Kopf ans staubige Fenster. So viel Blau am Himmel. Grüne Zypressen. Graue Steinformationen. Wärme. Alles wirkt surreal. Wo bin ich hier? Gelandet auf einem anderen Planeten.

Am Hafen von Burriana schultern wir unser Gepäck, ich habe am meisten dabei, wie peinlich. Zwar wurde uns von Sea-Eye per Mail empfohlen, Klamotten für nur eine Woche einzupacken, aber ich wollte auf Nummer sicher gehen. Was, wenn es nur eine Waschmaschine gibt und alle darum kämpfen, dass sie randürfen? Und so habe ich jetzt Klamotten für zwei Wochen dabei. Okay, eigentlich für drei. Ich bin so beladen, dass ich nur kleine Schritte machen kann. Zum Glück ist das Schiff bereits in Sichtweite.

Die *Sea-Eye 4* wirkt winziger als auf den Fotos. Dabei sind die Rahmendaten recht beeindruckend: 53 Meter lang, 12 Meter breit, 11 Knoten Höchstgeschwindigkeit. Nicht mehr ganz jung, Baujahr 1972, nun in neuem, glänzendem Lack-

Gewand – die Bordwand knallrot, Brücke und Reling strahlend weiß und die Containeraufbauten weiter hinten tiefblau. Ganz vorne, an der Spitze, hängt die gelbe Flagge von United 4 Rescue, dem Bündnis aus Unterstützerinnen und Unterstützern der *Sea-Eye 4*. Sie ist vor Kurzem von der Werft in Rostock nach Burriana überführt worden und wartet nun auf ihren ersten Einsatz, ihre Jungfernfahrt als Rettungsschiff. Vorher diente sie unter den Namen *Wind Express* und *Oil Express* als Offshore-Versorgungsschiff und wurde dann von Freiwilligen innerhalb von sieben Monaten komplett umgebaut.

Und damit wollen wir wirklich Hunderte Menschen retten? Das wird eng werden. Von den deutschen Behörden ist das Schiff für maximal 200 Personen zugelassen, aber wenn wir weitere Boote in Seenot sehen, können wir doch nicht einfach die Hilfe verweigern.

»Machen wir auch nicht«, sagt Jan, der *Head of Mission*. In seinem anderen Leben ist er Chirurg. »Wenn wir mehr Menschen retten müssen, retten wir die auch.« Er ist der Chef der gesamten Rettungsmission, ein großer Lockenkopf mit Lachfältchen und Fünftagebart, auf Anhieb sympathisch, umgänglich, einnehmend. An Bord hat er den zweithöchsten Rang – unter dem Kapitän. Aber der ist ja nicht da.

»Flugangst. Der wollte nicht fliegen.« Jan schüttelt den Kopf. »Keine Ahnung, ob das stimmt. Warum hat er das denn nicht vorher gesagt? Wir hätten eine andere Lösung finden können. Anreise mit dem Zug oder per Auto, geht doch auch.«

Mir ist das inzwischen egal. Fühle mich wie bei der Einschulung: alles neu, alles aufregend. Wir machen einen Rundgang durch das Schiff. Über die Gangway gelangt man auf das große Hauptdeck, das weitgehend überdacht ist. Hinten stehen zwei Container mit Schlafplätzen für Gerettete, gegenüber sind ihre Toiletten und Waschbecken, dann kommt eine Küche für die Versorgung der Menschen, und daneben ist die Tür zu unserer

Krankenstation. Alles wirkt ein wenig unfertig. Überall liegen Werkzeuge und Baumaterial herum. Planen und Stangen versperren den Eingang zum *Hospital*. Das müssen wir morgen dringend aufräumen.

Wir unterhalten uns durchweg auf Englisch, sobald nicht nur deutsche Crewmitglieder anwesend sind. Das gebietet die Höflichkeit – außerdem ist Englisch die offizielle Bordsprache, auch wenn das Schiff unter deutscher Flagge fährt. Englisch hören und verstehen ist nicht so das Problem, US-Serien gucke ich auch im Original. Aber Englisch sprechen musste ich schon lange nicht mehr. Es fällt mir schwer, mich richtig auszudrücken, Worte für das zu finden, was ich sagen will. Was kommt dabei heraus? »Nice hospital.« Ich war auch schon pointierter.

Schräg gegenüber der Krankenstation, Richtung Bug, beginnt der Innenbereich des Schiffs, zu dem die Geretteten keinen Zugang haben werden. Die Kombüse, der Speise- und Versammlungsraum – *Crew Mess Room* genannt –, einige der Schlafkabinen und ein Lagerraum. Nach unten geht es zum Maschinenraum, in dem unentwegt einer der Generatoren rattert. Nur ein kurzer Blick hinein in das neonbeleuchtete Gewirr aus grün lackierten Rohren und Pumpen, Ventilen und Kabeln. Es ist höllisch laut, und es riecht komisch. Nach oben führt die Treppe aufs Vorderdeck, unterhalb der Brücke. Ganz vorne, in der Spitze, gibt es eine Luke, sie ist geöffnet, und von der Unterseite des Deckels grinst mich ein riesiger sonnengelber Smiley an. *Don't worry, be happy,* singt er.

Hinter der Brücke sind weitere Container für die Besatzung und die Geretteten aufgestellt – und ganz hinten ist der schönste Ort des Schiffs. Auf die Dächer der beiden unteren Container ist eine Holzterrasse geschraubt: das Sonnendeck.

Die Kajüte teile ich mir mit Stefan. Jugendherbergsstyle. Unsere *Cabin Two* ist eine enge Kammer, Tür und Schrank gleichzeitig öffnen geht nicht, neben dem Schrank ein kleines Regal, gegenüber unser Stockbett, am Ende eine mit Kunstleder bespannte Bank und ein Brett als Schreibtisch. Über der Bank – das Tollste – zwei Bullaugen, die den Blick auf das Hafenbecken freigeben.

»Ich will unten schlafen«, sagt Stefan. »Ich muss nachts öfter raus.« Mist. Genauso geht es mir als Täglich-vier-Liter-Wasser-Trinker auch. Aber ich habe keine Chance, Stefan reserviert mit seinem Rucksack die untere Koje. Was soll's. Ich bin froh, dass ich so einen sympathischen Zimmergenossen abbekommen habe. »Ich schnarche«, ergänzt Stefan. Okay, ganz so froh bin ich doch nicht.

Ein paar Crewmitglieder stehen abends draußen am Kai und trinken Limo und Bier aus Dosen. Langsam lerne ich, wer wer ist und wofür die Leute zuständig sind.

Generell ist die Besatzung aufgeteilt zwischen Freiwilligen, die alles komplett ehrenamtlich machen und wie ich auch den Flug aus eigener Tasche finanziert haben, und den bezahlten, professionellen Angestellten. Die *Sea-Eye 4* ist als Frachtschiff eingetragen, es gibt strikte Auflagen, die alle eingehalten werden. Demnach braucht es neun professionelle Seeleute, die die notwendigen Zertifikate besitzen, um das Schiff betreiben zu können. Dazu gehören die Maschinisten sowie die Arbeiter an Deck und auf der Brücke bis hin zum Kapitän. Dieses Schiff kann man nicht mit einem Sportbootführerschein fahren, wie das früher bei zivilen Rettungsmissionen mit kleineren Schiffen oft gemacht wurde.

Ich schaue in die Gesichter meiner ehren- und hauptamtlichen *partners in crime*, die Wangen blass im Scheinwerferlicht, die Haare verwuschelt von Anreise und Arbeit, die Stimmung gedämpft, ermattet vom Tag. Das Gegenteil von meiner inneren Aufgekratztheit.

Da ist Arnaud, muskelbepackter 48-jähriger Franzose, Tattoos lugen unter seinem T-Shirt hervor, besonders fester Händedruck. Eigentlich arbeitet er als Wissenschaftler in einem Labor. Für diese Mission hat er seinen gesamten Jahresurlaub genommen. Er wird an Bord die Position des *RHIB-Leader* übernehmen, als Chef auf einem der zwei *Rigid-Hulled Inflatable Boats*, der Rettungsschlauchboote mit Festrumpf. Seit Jahren fährt er auf Rettungsschiffen mit. Ich hätte ihn nie auf 48 geschätzt. Er sagt: »When I'm over fifty years old, I will stop with these rescue missions. They are too exhausting.« Ich glaube ihm kein Wort. Der wird noch mit über 60 dabei sein und manchen 30-Jährigen alt aussehen lassen.

Da ist Urtzi aus Spanien. Ein schweigsamer Typ, auf dem Kopf eine zerfledderte Baseballcap. Einer der festen Schiffsarbeiter, zuständig für Reparaturen und Instandhaltung. Er erzählt mir, dass er immer furchtbar seekrank wird, was mich insgeheim freut, denn dann hänge ich im Zweifelsfall nicht allein über der Reling. Die Übelkeit nimmt Urtzi in Kauf, um diese Missionen mitmachen und Menschenleben retten zu können.

Da ist der *Deck Manager* Eddie aus Ghana, ein kleines Kraftpaket mit großer Sehnsucht nach seiner Familie. In Hafennähe nutzt er jede Gelegenheit für einen Videocall mit den Liebsten. Drei bis vier Monate gehen seine Einsätze jeweils, das Gehalt legt er zurück, denn sein großer Traum ist es, in Ghana eine Geflügelfarm mit mehreren Tausend Hühnern zu betreiben. Momentan will aber auch er unbedingt auf Rettungsschiffen arbeiten, um zu helfen.

Da ist die Französin Canelle, Anfang 30, deren Brille hüpft, wenn sie lacht. Sie ist zuständig für die Organisation und Kommunikation von Abläufen an Bord und gleichzeitig unser

Human Rights Observer. Sie soll Menschrechtsverletzungen dokumentieren, indem sie das Gespräch mit den Geretteten sucht und Hinweise auf Folter dokumentiert. Canelle ist ein Sprachtalent. Sie kann Französisch, Englisch, Italienisch, Spanisch und Arabisch. Sie hat schon für eine Hilfsorganisation Geflüchtete auf der Balkanroute mit Essen versorgt und wurde deshalb mehrmals von der Polizei festgenommen.

Da ist Marlene, eine Intensivkrankenschwester aus Berlin, die blonden Locken zurückgebunden, ihr Auftritt zurückhaltend. Sie war bereits auf dem Vorgängerschiff, der *Alan Kurdi,* im Einsatz. Für die *Sea-Eye 4* hat sie die Krankenstation mitgeplant und ausgestattet. Dort werden wir drei in den nächsten Wochen zusammenarbeiten: der lebenslange Mediziner Stefan, Marlene aus dem Krankenhaus und ich als Vertreter für den Rettungsdienst und akute Notfälle. Mein spontaner Eindruck ist, dass wir gut zusammenpassen.

Und da ist der Erste Offizier Josh, ein professioneller Seenotretter, der aussieht wie Pippi Langstrumpfs Papa in jung. Jeden Morgen springt er zur Erfrischung vom Schiff ins Wasser, behauptet er jedenfalls. Früher fuhr er auf Cargo-Schiffen, doch da habe ihm irgendwann der »Sinn« gefehlt: Er wolle etwas bewegen, nicht nur »LKW-Fahrer auf dem Wasser« sein. Deshalb habe er damals bei seiner Reederei gekündigt. Einfach kündigen und etwas Sinnvolles machen, das habe ich doch schon mal gehört. In Josh erkenne ich mich wieder, meinen Weg, mein Denken, meinen Antrieb. Ich bin nicht ganz allein. Sehr gut.

Was für ein bunter Haufen. Mich schüchtern die Gespräche allerdings ein wenig ein. Die anderen haben alle so viel Erfahrung mit der Seenotrettung. Ich bin dagegen ein kompletter

Grünschnabel. Ich hab nicht mal großartig See-Erfahrung. Deshalb weiß ich auch nicht, ob ich überhaupt see*tauglich* bin. Von der Schiffsschaukel im Heide Park wird mir jedenfalls extrem übel. Vielleicht war das alles ein Fehler, vielleicht gehöre ich gar nicht hierher. Eines tröstet mich: Doktor Stefan hat auch null See-Erfahrung. Wenn er das mit Ende 60 packt, kann ich das doch auch. Oder? Hör auf zu jammern, befehle ich dem Angsthasen in mir.

Als ich gegen Mitternacht todmüde in der Koje liege, formt sich ein Bild in meinem Kopf: die Umrisse eines der unteren blauen Container. Die Tür an der Kopfseite ist geöffnet und gibt Einblick in einen dunklen, schmalen Schlund. In diesen Containern sollen jeweils 25 Geflüchtete Platz finden. Vielleicht auch viele mehr. Die Längsseiten füllen Doppelstockbetten, Holzplatten als Liegeflächen, gehalten von einem Stahlrahmen, blau und gelb bemalt. Ich kann mir nicht vorstellen, dass hier wirklich Menschen unterkommen werden. Bisher war der Trip eine reine Urlaubssimulation. Ein paar verwegene Jungs und Mädels treffen sich und machen eine Schiffsreise. Fünf Freunde plus X erforschen die Schatzinsel. Nun grinst dieser Container mich bösartig an. Realitätscheck. Nichts ist gut im Mittelmeer. Leid erwartet uns.

Komm rein in meinen Schlund, Tobias. Leg dich hin und schließ die Tür. Dann verdaue ich dich langsam, ganz langsam, flüstert mir das Monster zu.

Ich liege mit offenen Augen da, die Bettdecke bis zum Kinn gezogen. Die Luft ist stickig. Das Brummen des Generators dringt bis in die Kajüte. Unter mir ist Stefan eingeschlafen. Und schnarcht, dass das Holz zu vibrieren scheint. Der Mann hält, was er verspricht.

Das Maul des Schlaf-
containermonsters auf
dem Hauptdeck [2]

Tag 2
Nothing to waste

5. Mai

Das Maul steht auch am nächsten Morgen noch offen, gähnend leer, der Container wartet auf seine Bewohner. Doch die werden noch lange nicht kommen, dazu müsste das Schiff zumindest losgefahren sein. Es fehlt aber weit mehr als der Kapitän, zum Beispiel ist bislang nur ein Bruchteil der benötigten Rettungswesten an Bord.

» Today, we have a lot of work to do «, verkündet unser *Head of Mission* nach dem Frühstück. Viel Arbeit für alle. Fast die gesamte Mannschaft verlässt das Schiff, um an einer Sammelstelle im Hafen riesige, von Plastikfolie zusammengehaltene Pakete mit circa 500 Rettungswesten abzuholen und sie auf dem Kai vor unserem Schiff auszupacken. Entlang des Anlegers wächst eine leuchtend gelbe und rote Bergkette übereinandergewürfelter Schwimmwesten. Das Bild beeindruckt mich. Ich spüre die Verantwortung, die wir mit unserer Mission tragen. Schlagartig verzieht sich meine Schlaftrunkenheit.

Hatte ich erwähnt, dass ich nur drei Stunden geschlafen habe? All die Eindrücke, untermalt von Stefans Schnarch-Soundtrack, ließen mich erst gegen 3 Uhr nachts in einen traumlosen Schlaf sinken. Stefans Wecker klingelte um 6.30 Uhr, aber komischerweise tat das überhaupt nicht weh, mit tauben Fingern und trübem Blick tastete ich mich erst mal durch den Tag.

Doch jetzt bin ich hellwach – als ich auf die Kinderrettungswesten starre. Kinder ertrinken im Mittelmeer. Und wir alle lassen es geschehen. Natürlich lässt in erster Linie die Politik das geschehen, aber die meisten von uns schauen genauso weg. Haben unsere eigenen Probleme, unseren täglichen *struggle*. Es fühlt sich gut an, gegen dieses Alles-einfach-so-Hinnehmen anzuarbeiten.

Wir sortieren und beschriften die Westen, kontrollieren die Blinklichter und verpacken sie neu, immer 50 Stück in große weiße Plastiksäcke, die nun an Deck verstaut auf ihren Einsatz warten.

Wann geht es eigentlich los? Ich werde langsam ungeduldig. Angeblich hat Sea-Eye einen Kapitän in Rumänien aufgetrieben. Der soll übermorgen ankommen. Nebenbei habe ich erfahren, dass noch ein Elektriker fehlt. Der muss nun auch noch irgendwo gefunden werden.

Verrückt, wie viel Aufwand, wie viel Kraft und wie viel Geld so eine Mission verschlingt. Und am Ende retten wir vielleicht 200 Menschen. Etwa 800 sind Schätzungen zufolge in diesem Jahr schon im Mittelmeer ertrunken. 200. Reicht das aus? Nein. Dennoch: Nur ein Leben zu retten wäre diesen Aufwand bereits wert. Klingt vielleicht pathetisch und platt, aber das fühle ich gerade. Ja, das ist es WERT. Das aber werden wertkonservative Politikerinnen und Politiker nie verstehen. Unsere Werte mögen vielleicht am Hindukusch verteidigt worden sein. Sie werden es auf jeden Fall jetzt, jetzt und hier, von uns, in Burriana, Spanien.

Unzählige Rettungs-
westen müssen
geprüft und sortiert
werden. [3]

Ein weiterer Berg an Arbeit erwartet uns: Das *Hospital* sieht
noch aus wie Sau. Überall Kartons, nichts ist richtig einsor-
tiert, nichts gecheckt. Wir konnten noch keine Abläufe bespre-
chen. Wann denn auch? Rettungswesten *first*, Krankenstation
second. Ein Ort an Deck, der vor sieben Monaten noch gar
nicht existierte. Als die *Sea-Eye 4* ein Offshore-Schiff war, war
das alles noch freie Fläche. Und jetzt gibt es plötzlich diesen
imposanten Raum mitten auf dem Deck. Zwei schwere Stahltüren gewähren Einlass. Die Wände sind krankenhausweiß, die
Schränke und ihre Schubladen glänzen silbern. In der Mitte
steht eine breite beige Liege, daran befestigt ist ein Infusions-
ständer. Zwei schmalere schwarze Liegen befinden sich am

Ende des Raumes. Über allem schwebt eine OP-Leuchte. Eine eigene Welt. Viel größer als der Innenraum eines Rettungswagens, eine größere Aufgabe, eine größere Herausforderung. Viel mehr Patienten gleichzeitig.

Wenn die Türen geschlossen sind, hallen unsere Stimmen leicht durch den Raum. Nach fünf Minuten wird die Luft schwül und abgestanden. Ich muss an meinen ersten Urlaub in Asien denken, in Thailand. Aus dem klimatisierten Flughafen von Bangkok hinaus trat ich in eine Wand aus warmer, feuchter Luft, und nur Sekunden später klebte das T-Shirt am Rücken fest. Der nächsten Crew wünsche ich in diesem Raum eine Klimaanlage.

Hier werden Stefan, Marlene und ich viel Zeit miteinander verbringen. Hier werden wir für unsere Patienten da sein. Vieles ist möglich, vom Wundennähen bis zur Geburtsbegleitung. Richtige, längerfristige Intensivmedizin geht allerdings nicht. Wir haben kein Beatmungsgerät, keine Perfusoren. Auch wenn es ein wenig daran erinnert: Ein OP-Saal ist das hier nicht. Wir können die Basics. Wir können reanimieren – auch bei Wellengang, hoffe ich jedenfalls. Darüber hinaus werden wir improvisieren müssen.

Während wir versuchen, Ordnung in das Chaos zu bringen, erzählt Stefan mir vom Rentnerdasein. Einen Tag nachdem er in Rente ging, hat er sich aufgemacht und ist den Jakobsweg gelaufen. Es sei für ihn eine unglaubliche Erfahrung gewesen, nachdem er die erste schmerzhafte Woche überstanden gehabt habe. Ich kann mir das bei ihm gut vorstellen, er trägt eine gewisse Rastlosigkeit mit sich. Jetzt will er endlich das tun, was vorher nicht möglich war. In Hamburg kümmert er sich als Arzt um Obdachlose und Migranten, Menschen ohne Versicherungskarte, die durchs Raster fallen. Dazu kommt jetzt noch die Seenotrettung. Über eine Schachtel mit Beatmungsmasken hinweg beobachte ich eine Weile, wie er, über unseren kleinen Laptop gebeugt, von der Tastatur zum Bildschirm hochblickt und die Brille zurechtrückt. Unfassbar bewundernswert, der Mann. Er hat meinen tiefsten Respekt, hier mit Ende 60 als Ältester an Bord zu gehen. Ich kann mir nicht vorstellen, dass ich das noch machen würde.

Aus der Kombüse schallt Tina Turner. »What's love got to do with it, got to do with it?« Tine und Laura, die beiden Köchinnen, ebenfalls ehrenamtlich, sind mit einer soundgewaltigen Boombox ausgestattet. Noch so ein Ort, an dem wir alle viel Zeit verbringen werden. Denn eines wurde mir schon in den Vorbereitungskursen eingebläut: Teil einer Schiffsbesatzung zu sein heißt, Dienste zu schrubben, wie in einer gut funktionierenden WG. Bäder wischen, Klos putzen, in der Küche helfen – es gibt feste Arbeitspläne, in denen sich jede und jeder eintragen kann und muss. Das Team will Breakfast, Lunch oder Dinner? Jeweils zwei Crewmitglieder müssen zur Unterstützung ran. Tine und Laura lassen sich den Kochlöffel aber nicht aus der Hand nehmen. Ihnen zu assistieren bedeutet vor allem: abwaschen. Immerhin läuft meistens Musik in der Kombüse. Und dann ist da noch die wichtigste Bordregel, die mir Maschinist Johannes gesteckt hat, ein ruhiger und doch witziger Typ, der die ganze Zeit in einem blauen Arbeitsoverall herumläuft: Stell dich immer gut mit den Köchinnen, es wird sich in der Not auszahlen. »I'm your privat dancer, a dancer for money«, singt Tine lauthals mit und fährt durch ihre türkisblauen Haare. Krass, wie lange habe ich diesen Song nicht mehr gehört? Ich stimme mit ein und versuche, dem Titel mit einem zarten Hüftschwung gerecht zu werden.

Ginge es nach den Köchinnen, wäre die Verpflegung an Bord rein vegetarisch, im besten Fall vegan, wegen des Zeichens, der

Haltung dahinter – so wenig Umweltzerstörung und Tierquälerei wie möglich.

»Aber ein paar von den Maschinisten und festen Crewleuten haben rebelliert gegen das komplett fleischlose Dasein«, erzählt Tine, nachdem der Akku der Box seinen Geist aufgegeben hat. Der Kompromiss: Oft gibt es ein bisschen Fleisch dazu. Grundsätzlich sind aber alle Gerichte fleischlos und funktionieren auch vegan.

Ich kann mein Glück kaum fassen. Seit ich 15 bin, esse ich kein Fleisch mehr, nachdem ich eine krasse Doku über die Fleischproduktion gesehen habe. Und seit ich 20 bin, vermeide ich auch Eier. Später war ich froh darüber, als ich einmal bei einem Dreh mit Aktivisten heimlich einen angeblichen Biohof besucht habe. All die zusammengepferchten, zerrupften und halb toten Hühner. Anfangs war es selbst in Großstädten für mich schwierig, mein Halb-Veganer-Dasein konsequent umzusetzen, mittlerweile bin ich deshalb kein allzu verrückter Freak mehr. Auf diesem Schiff gehöre ich erstmals zur Mehrheit. Und entgegen allen elterlichen Befürchtungen werde ich nicht darben müssen – Pfannkuchensuppe, Tofu-Quiche und vegane Kuchen warten auf mich! Selbst die Maschinisten essen das.

Und wenn ich »essen das« schreibe, meine ich: aufessen. Ich habe noch nie erlebt, dass alle in einer Gruppe ihre Teller so konsequent sauber kratzen. Die Schönwetter-Garantie schlechthin. Das hat allerdings nichts mit meteorologischem Aberglauben zu tun, sondern damit, dass das Essen an Bord einen hohen Wert hat. Mal eben zum Supermarkt is nich. Die Lebensmittel sind begrenzt und werden deshalb anständig gewürdigt. Gleichzeitig gilt es, so wenig Müll wie möglich zu produzieren. Mal eben vor die Tür stellen is auch nich. Unser Abfall bleibt an Bord, mit ihm sind wir wahrscheinlich wochenlang unterwegs.

Es fällt mir leider nicht leicht, keine Reste zu hinterlassen. Ich bin es so gewohnt, mir den Teller vollzuladen und dann etwas übrig zu lassen. Buffet-Mentalität. Aufgewachsen in der Überflussgesellschaft. Als ich nach dem ersten Mahl gestern meinen halb leer gegessenen Teller in die Küche brachte und die strafenden Blicke der übrigen Crewmitglieder registrierte, habe ich mir unmittelbare Besserung geschworen. Lernt man ja eigentlich schon im Kindergarten, erst mal ein bisschen auftun, nachnehmen kann man immer noch.

Keine Ressourcen verschwenden, auch beim Essen. Wichtige Lektion. Interessante Nebenerkenntnis: Erzieherisch wirkt bei mir statt einer Ansage viel besser, böse zu gucken.

Und ein Nebeneffekt – ein sorgfältig ausgekratzter Teller spült sich deutlich angenehmer. Mit Schwung schrubbe ich Geschirr und Besteck in der Seifenlauge vor mir. Fehlt nur noch Tina Turners röhrende Stimme zu meinem Glück.

Noch ein wichtiger Vorsatz heute: Diesmal werde ich vor Stefan einschlafen, damit ich seiner Kettensäge entkomme.

Tag 3
Rotz und Hunger

6. Mai

Durchgepennt, endlich, die ganze Nacht im Koma. Nichts, aber auch gar nichts hat mich hochschrecken lassen. Ich bin angekommen.

»Ist wie 'ne Jugendfreizeit«, stellt Stefan fest, gut gelaunt und hellwach um 6.30 Uhr. Woher nimmt der seine Energie? Bewundernswert, aber auch herausfordernd. Da muss ich jetzt mithalten.

»Jugendfreizeit« passt ganz gut, denn mitten in einer Pandemie, in der alle auf Abstand gehen, hängen wir mit 21 Leuten zusammen auf einem Schiff rum. Ganz ungewohnt ohne Maske. Wie damals im Schullandheim, nur ohne Engtanz.

In Sachen Corona bewegen wir uns rechtlich im sauberen Rahmen. Wir dürfen das, ohne Abstand und Maske zig Haushalte kombinieren. Denn einreisen durften wir ja alle ohnehin nur mit negativem PCR-Test, zudem werden wir alle zwei Tage schnellgetestet. Das macht das *Medical-Team,* also wir. Und zwar heute. Aufgabe 1.

Aufgabe 2: Wir müssen endlich alle Materialien im *Hospital* zu Ende einräumen und die Geräte zum Laufen bringen. Aktuell sind wir definitiv noch nicht einsatzbereit.

Es fühlt sich an, als wären wir eine Dreier-WG und umgezogen, und die Kisten nehmen einfach kein Ende. Sauerstoffmasken, Kompressen und Wundverbände. Braunülen, Infusionen und Dreiwegehähne. Und mittendrin meine Mitbewohnerin und mein Mitbewohner, Marlene und Stefan. Mein erster Eindruck hat sich bestätigt, wir passen gut zusammen. Ich mag die beiden sehr. Das macht mich glücklich, denn eigentlich habe ich viel von einem Eigenbrötler in mir. Ich kann gut alleine sein. Alleine ins Kino, gerne, schon als Jugendlicher. Alleine auf dem Sofa abhängen, los geht's.

Jetzt habe ich hier wildfremde Leute um mich und fühle mich trotzdem wohl. Passiert da schon etwas mit mir? Veränderung? So schnell? Kann nicht sein. Wahrscheinlich noch die Anfangseuphorie.

Dieses Einziehen in die Krankenstation ist eine zähe Angelegenheit. Zur Abwechslung werden wir nach draußen gerufen und Teil einer Transportkette, die unendlich viele Lebensmittel an Bord befördert. So viel Essen auf einmal habe ich noch nie in meinem Leben gesehen. Dutzende Kisten Tomaten, Gurken und Orangen, kiloweise Nudeln und Unmengen an Toastbrot reiche ich von rechts nach links weiter. Das müssen Tonnen sein. Wer soll das jemals alles essen? Wie lange werden wir denn wegbleiben? Wie wurde das überhaupt kalkuliert? Es ist doch völlig unklar, wie viele Menschen wir retten werden.

Ich finde es übrigens noch immer echt schwierig mit dem Englischsprechen. Einen kurzen Plausch bekomme ich hin, bei einem längeren gehen mir die Vokabeln aus. Man kann nicht viel Persönlichkeit zeigen, wenn man mit der Sprache an der Oberfläche bleibt.

Auf der Krankenstation reden Marlene, Stefan und ich deutsch. Viel einfacher, so die richtige Wellenlänge zu treffen und die richtigen Sprachcodes zu verwenden. Das »Gibst du mir mal die Tapete?« von Stefan hat mich trotzdem überfordert. Die Tapete? Er meinte damit ein größeres Pflaster. *Old school. Very old school.* Manchmal vergesse ich wiederum, dass Stefan schon Rentner ist, und ich muss aufpassen, dass ich in meinem Buddytum nicht zu flapsig mit ihm rede. »Ey, Alter!« könnte er wirklich falsch verstehen.

Im Laufe des Tages werde ich Experte für Coronatests. Das macht mir richtig Bock und ist eine kleine Befreiung vom langwierigen Einräumen. Nach und nach statten uns alle von der Besatzung einen Besuch ab, und ich führe ihnen die Stäbchen tief in die Nase ein, bis ihre Augen tränen. Seit heute dürften sie mich richtig hassen. Mir macht das so eine diebische Freude, dass sich Marlene und Stefan dezent zurückziehen und ich die Hälfte der Testungen alleine durchführe. Ich bin in meinem Element. Alle versuchen, sich nichts anmerken zu lassen, wenn das Stäbchen an der Schleimhaut kratzt, besonders nicht die bulligen Maschinisten. Trotzdem wischen auch sie sich verstohlen eine Träne weg, wenn ich fertig bin. Ich krieg euch alle!

Vielleicht ist das mein neuer Fetisch: Nasen anbohren. Ich habe gelesen, dass neulich jemandem in einem deutschen Testzentrum das Stäbchen so fest und tief in die Nase gedrückt wurde, dass Hirnflüssigkeit herausgelaufen ist. Hirnflüssigkeit. Wohl eher ordentlich Rotz.

Die größte Gesichtskirmes gibt es bei Jan zu bestaunen. Er zuckt heftig, als der Teststab in seiner Nase verschwindet. Amüsant, der Chef ist am empfindlichsten. Das bleibt natürlich unter uns.

Neben Coronatests können wir hier im *Hospital* übrigens auch Schwangerschafts- und Malariatests durchführen. Aber darauf würde ich heute noch verzichten wollen.

Am Ende des zwölfstündigen Arbeitstages gibt es Pizza. Tine und Laura hatten herdfrei. Leider liefert die Pizzeria nur die Hälfte der Bestellung, es bleiben fünf kleine Stücke für jeden. Es sind die leckersten Pizzastücke meines Lebens, und ich verschlinge sie in wenigen Sekunden. Die Maschinisten blicken hungrig in die Runde. Was die wohl leiden müssen, wenn sogar ich noch mal die doppelte Portion vertragen könnte!

Wenn schon nicht satt – zufrieden bin ich dennoch. Wir haben es geschafft, bis auf ein paar noch nötige Jammern-auf-hohem-Niveau-Schönheitskorrekturen ist das *Hospital* einsatzbereit. Der Monitor des EKG, des Blutdruckmessgeräts und des Pulsoxymeters läuft, auch wenn er so hoch befestigt wurde, dass nur Marlene und ich ihn bedienen können. Stefan ist zu klein. Die Position lässt sich aber nicht mehr ändern. Im Notfall besorge ich dem Doc einen Hocker oder greife ihn an den Hüften und hebe ihn hoch. Notfallrucksack und Defibrillator, Sauerstoffflaschen und alle Medikamente – oral und intravenös – sind an ihrem Platz. Die WG-Bude ist bezogen.

Eine letzte Diskussion gibt es über das Thema Leichen an Bord. Wo packen wir die hin, wenn es tatsächlich dazu kommen sollte, dass wir Ertrunkene aus dem Wasser ziehen oder Menschen tot in ihren Booten liegen? Wohin mit denjenigen, bei denen eine Reanimation erfolglos war? Im Kühlraum gibt es für Leichen keinen Platz, der platzt wegen unserer Vorratsmassen schon aus allen Nähten. Die Toten müssten dann irgendwo auf dem Deck verstaut werden. Irgendwo, wo die Überlebenden sie nicht immer wieder sehen würden.

Stefan schlägt eine Seebestattung vor. Ich mag den Gedanken, dass wir alle gemeinsam, Crew und Gerettete, in einer Zeremonie die Toten dem Meer übergeben. Würde uns das nicht zusammenwachsen lassen? In Trauer vereint zum letzten Geleit, ein Abschied in Würde und ein Zeichen, dass wir das

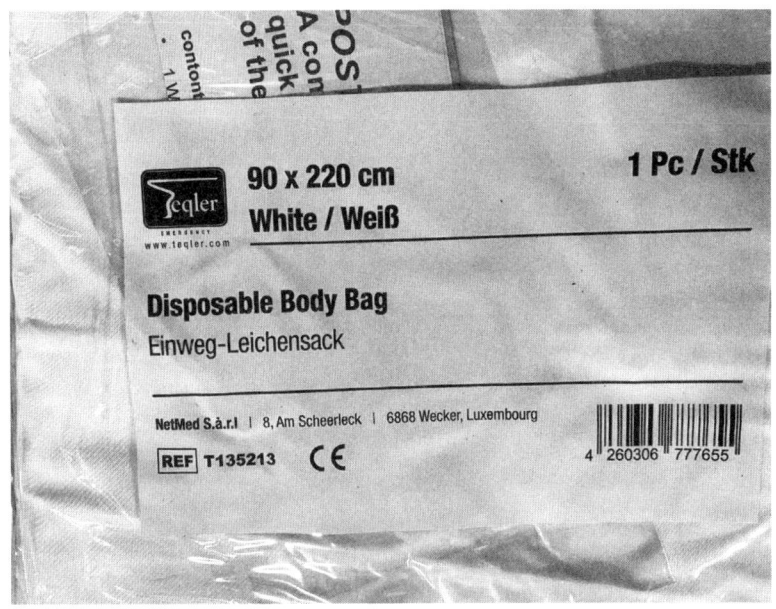

Auch Leichensäcke gehören zum Vorrat an Bord. [4]

Leben schätzen. Jan winkt ab – rechtliche Bedenken. Außerdem bestünde die Gefahr, dass wir die Traumata der Geretteten triggerten.

Die Frage, wo wir im schlimmsten Fall Leichen lagern, bleibt offen. Darüber soll erst entschieden werden, wenn es so weit ist. Vorbereitet sind wir dennoch: Wir haben für den Notfall etliche Leichensäcke im Lager. Ich hoffe so sehr, dass wir sie niemals auspacken müssen.

Tag 4
Rice, Rice, Baby!

7. Mai

» Today, we have a lot of work to do. « *Yes, we have. Again.* Ich bin echt fertig. So viel Reis und Couscous habe ich noch nie gesehen und ... auch noch nie schleppen müssen. Dreimal fährt ein Lkw vor, aus dem Essen ausgeladen wird. Dann müssen alle ran. Wir bilden wieder eine » Food-Chain « – insgesamt verbringe ich heute vier Stunden mit Heben und Tragen. Mein Rücken! Verdammt, ich werde alt. Alt und fertig, aber glücklich. Es erfüllt mich total.

In diesem Erschöpfungszustand noch auf Englisch zu kommunizieren bleibt tückisch. Mein Verstand will nicht mehr, zu müde. Und so mache ich heute bei Patrick – einem *Great guy from Great Britain,* der eines der Rettungsboote fahren wird – den schlechtesten Witz aller Zeiten. Als ich den gefühlt tausendsten 25-Kilo-Reissack von meinen Armen in seine übergebe, löst sich ein forsches » Rice, Rice, Baby « von meinen Lippen. Patrick starrt in meine erwartungsfrohen Augen und lächelt dann mitleidig.

Marlene hingegen macht sich langsam locker. Sie hat heute extreme Wortfindungsstörungen, während wir die Schränke mit all dem medizinischen Kram drin beschriften. All ihre Zurückhaltung ist dahin, sie prustet los, hält sich den Bauch, und ich kann nicht anders, als mitzugackern. Nach müde kommt doof, sagt man im Rettungsdienst ... aber es ist ein herrlicher Zustand. Hier kriegt niemand genügend Schlaf, aber wer will das auch, es ist viel zu aufregend.

Wegen der Lebensmittellieferungen sind die Köchinnen wieder so darin eingebunden, die Lagerbestände zu sortieren, dass sie nicht zum Kochen kommen und zwei andere Crewkollegen einspringen, um uns notdürftig mit einem Abendessen zu versorgen. Damit verschiebt sich das für 18 Uhr geplante Dinner deutlich. Verdammt, ich habe so einen Kohldampf, dass ich an meine heilige private Essensration gehe. Ich habe mir sechs *Food Drinks* aus Deutschland mitgenommen, eine Flasche davon ersetzt eine komplette Mahlzeit. Die bringen mich auch auf der Rettungswache über den Tag. Jedenfalls habe ich gedacht, dass ich sechs dabeihabe. Ich wühle durch meinen Wanderrucksack und finde nur zwei. Shit. Und das, obwohl das Packen fast einen ganzen Tag gedauert hat, ich wollte es mal nicht so hektisch haben wie sonst. »Scheiße, wo ist der Perso? Woooo?« – Szenen wie diese möchte ich am Flughafen nie mehr erleben.

Trotzdem stürze ich einen der Drinks runter, es geht nicht anders. Und ist doch völlig unnötig. Zehn Minuten nach meinem Drink höre ich vom Gang das vertraute »Dinner is ready!«. Jetzt habe ich nur noch eine Notration, ich Trottel. Dabei liegen die richtig harten Tage mit Sicherheit noch vor mir.

Die eigentliche Nachricht des Tages lautet aber: Kapitän Ion ist angekommen, aus Rumänien. Und er hat seinen rumänischen Elektriker Liviu dabei. Sie schieben beide eine ordentliche Plauze vor sich her, der Kapitän trägt dazu eine sympathische Indiana-Jones-Lederjacke. Wenn er spricht, klingt Ion wie Dracula aus *Hotel Transsilvanien*. Beide Neuankömmlinge wirken etwas fehl am Platz und schauen schweigsam von links nach rechts. Aber vielleicht sind sie nur eingeschüchtert, zu viele fremde Tattoo-Typen und -Ladys an Bord. Wie viel Geld hat man dem Captain geboten, dass er sich so unfassbar spontan auf dieses Abenteuer einlässt? Ist ihm bewusst, dass das hier kein Kreuzfahrtschiff ist?

Am Abend, an der Reling lehnend, wage ich einen Blick auf die Container. Und ihren Schlund. Hier wird im besten Fall bald Leben einziehen. Und spätestens dann wird der Anblick seinen Schrecken verlieren. Stimmen und pochende Herzen werden die Dunkelheit vertreiben. Mein Herz pocht jedenfalls schon ordentlich. Morgen um 15 Uhr wollen wir ablegen, und die Jugendfreizeit ist vorbei. Dann wird es ernst. Es wird Zeit, der Prolog muss endlich ein Ende haben.

In der Nacht habe ich einen merkwürdigen Traum. Ich träume, dass der *RHIB-Driver* Patrick, der *Great Guy from Great Britain*, in Wahrheit der deutsche Frontex-Agent Klaus ist. Er ist an Bord, um uns alle auszuspionieren und unsere Mission zu sabotieren.

Ich sollte Patrick genau im Auge behalten. Er ist zwar so unglaublich nett, offen und höflich, aber das könnte ja die perfekte Fassade sein. Wenn einer unverdächtig ist, dann Patrick. Die EU-Agentur für die Grenz- und Küstenwache ist echt mit allen Wassern gewaschen, solch einen Kerl zu rekrutieren. »I'm working in London in a sports and rugby bar«, hat mir Patrick über sein eigentliches Leben erzählt. 15 verschiedene Biere gebe es dort, deren Eigenschaften und Besonderheiten er auf Knopfdruck runterrattern kann. Was für eine tighte Background-Story hat sich Frontex da überlegt. Klaus, du bist enttarnt. *Deine* Mission wird scheitern.

An Couscous wird es uns nicht mangeln. [5]

»Jeder Mensch hat Anspruch auf die in dieser Erklärung verkündeten Rechte und Freiheiten ohne irgendeinen Unterschied, etwa aufgrund rassistischer Zuschreibungen, nach Hautfarbe, Geschlecht, Sprache, Religion, politischer oder sonstiger Überzeugung, nationaler oder sozialer Herkunft, Vermögen, Geburt oder sonstigem Stand.«

Allgemeine Erklärung der Menschenrechte, ARTIKEL 2

WÄHREND-
DESSEN

Tag 5
Leinen los

8. Mai

Ich schlage die Augen auf. Neben mir steht eine Gitarre.

»Ist für dich. Kannst du drauf spielen. Hast du angeblich bestellt«, grummelt ein erstaunlich unausgeschlafen wirkender Stefan.

Fuck, jetzt denken die wirklich, ich könnte Gitarre spielen. Dabei kann ich doch nur noch drei Akkorde. Okay, vielleicht fünf. Ob die wirklich meine Punk-Version von *99 Luftballons* hören wollen? Oder die Rock-Variante von Michael Jacksons *Earth Song*? Ob ich das den Geflüchteten vorspielen sollte? Warum nicht. Oder verlässt mich da dann doch der Mut? Vielleicht nach einer erfolgreichen Rettung, wenn die Endorphine den Körper durchfluten. Vielleicht packt es mich dann.

Während der Mahlzeiten, besonders morgens und mittags, wird so gut wie nicht geredet. Alle schweigen vor sich hin. Ungewohnt für einen, der sonst nur die Schnattereien von diversen Geschäftsessen oder aus der NDR-Kantine kennt. Da kommt man vor lauter Quatschen gar nicht zum Essen. Im Rettungsdienst ist es genauso. Da wird pausenlos geschwatzt.

Ich mag die Stille hier, Seefahrerstyle, norddeutsch. Wenn du nichts zu sagen hast, halt einfach die Fresse. Es entsteht eine gewisse Intimität. Ein langes Schweigen muss man erst mal aushalten können, lehrt schon *Pulp Fiction*.

Kaugeräusche. Tiefes Ausatmen. Ab und zu ein leichtes Brummen. Meditationsgruppe Seenotrettung. Nach dem Frühstück nur kurz die tägliche Ansprache von unserem *Head of Mission.* »Today, we have a lot of work to do.«

Natürlich.

Tausende Liter Wasser werden um die Mittagszeit angeliefert, abgefüllt in Plastikflaschen. Die wir natürlich schleppen müssen, »Water-Chain«. Bei Berechnungen hatte sich herausgestellt, dass wir zu wenig Trinkwasser als feste Notreserve dabeihaben. Zwei Stunden, bevor wir in See stechen, kommt der Nachschub an Bord. Da hat einer kurz vor Abgabe seine Mathehausaufgaben korrigiert.

Abfahrt. Um 15 Uhr legen wir tatsächlich ab. Alles geht so schnell. Letztes Crewfoto im Hafen, dann wird die Gangway eingeholt, der Anker gelichtet, alle Seile gelöst. In das Stampfen der Maschinen mischt sich der Jubel der Besatzung, wir winken, obwohl uns nur einige wenige verabschieden. Sie gehören zur Landcrew von Sea-Eye, die übrigen Hafenmitarbeiter interessieren sich nicht für uns.

Ich atme tief durch. Der Tag hat mich bis hierhin wieder ordentlich gefordert: Crew-Alarm-Training, Schleppen, Coronatests, noch mehr Schleppen. Und dann musste alles auf dem Schiff vertäut werden, mit festen Gummischnüren. Selbst die Klobürste auf der *Hospital*-Toilette – alles kann umkippen und runterfallen, sobald das Schiff auf offener See ist. Stelle niemals unbedacht deine Tasse ab, die überlebt nicht lange.

Und schon sind wir davon. Kurz ist noch die Küste Spaniens zu sehen, ein Strand grüßt in der Ferne. Vor uns nur Blau. Das satte Hellblau des Himmels, durchzogen von zarten Wolkenschleiern, spiegelt sich metallisch auf dem dunklen Teppich des Meeres. Die See strahlt Gelassenheit aus, sie ist gnädig, Neptun macht Siesta.

Neben mir steht Patrick, der *Great Guy from Great Britain,* der in Wahrheit Klaus aus Germany ist. Auch er schweigt, hält wie ich fest, was gleich vergangen sein wird, ein Moment der inneren Ruhe im nun tosenden Fahrtwind. Es steht ein Team-Meeting an mit dem *Head of Mission,* danach muss ich wieder

Fundstück im *Mess Room* [6]

Die *Sea-Eye 4* und ein Großteil ihrer Crew vor der Abfahrt in Burriana [7]

das Dinner vor- und nachbereiten, schnippeln und spülen, das dürfte über zwei Stunden dauern.

Doch in diesem einen Moment fallen all die Anstrengung und Anspannung von mir ab. Ein Gefühl von Freiheit durchströmt mich – und Stolz. Ich habe es wirklich gemacht. Es geht los. Es gibt absolut kein Zurück mehr.

Ich kann mich – außer in der Kajüte – nirgendwo verstecken. Wenn ich rumstehe, bekomme ich sofort eine Aufgabe zugeteilt. Immer gibt es etwas zu tun. Erst schien es mir, als wolle mich jeder davon abhalten, meinen eigentlichen Job zu tun: mich ums *Hospital* zu kümmern. Seit wir einigermaßen fertig geworden sind, vertrete ich mir öfter mal die Beine – und werde sofort für irgendwelche Dinge eingespannt.

Drücken geht nicht. Sobald ich in unsere *Cabin* flüchte, habe ich ein schlechtes Gewissen. Den anderen scheint es genauso zu gehen. Was dazu führt, dass wir den ganzen Tag durcharbeiten und abends völlig fertig sind. Wie gerne würde ich mit den Leuten noch stundenlang abhängen und reden und Hafermilch trinken, aber wie die meisten gehe ich schnell schlafen. Das Dosenbier vom ersten Abend war übrigens eine absolute Ausnahme, an Bord gilt ein Alkoholverbot. Vielleicht wird am Ende noch mal eine Palette ausgegeben, je nachdem wie die Geschichte ausgeht.

»Hilfst du mir schon mal beim Knoblauchschälen?«, bittet mich Tine. Gerne. Sehr, sehr gerne.

In der Küche lege ich nebenbei mit meinem Smartphone auf. Laura, Tine und ich tanzen zu *Je veux* von ZAZ und *Bungalow* von Bilderbuch. Die dicke Boombox läuft auf maximaler Lautstärke. Es tut gut, Musik zu hören, meine Musik. Sie knüpft ein Band in mein wahres Leben, in dem alles so anders ist. Als hätte ich mein Karnevalskostüm gewechselt, trage ich hier eine andere Haut. Wiedergeboren als tanzender Seebär.

Das Schiff schaukelt, aber noch meldet sich mein Magen nicht. Glück gehabt. Mal sehen, wie die Nacht wird.

Canelle, die hier an Bord alle Organisationsfäden in den Händen hält, platzt in die Kombüse hinein: »Dolphins!«

Ich stürme raus. Das habe ich noch nie gesehen. Delfine, frei, im Mittelmeer! Ich renne zum Bug. Die Sonne geht gerade unter, und ich kann noch erkennen, wie zerwühlt die See inzwischen wirkt, ich sehe aber keine *dolphins*. Fehlalarm.

Aber dann, plötzlich, taucht eine Flosse auf. Weit entfernt zwar, aber deutlich auszumachen. Oder habe ich sie mir nur eingebildet? Nein, da, schon wieder! Und noch mal. Echte Delfine, richtig viele, im Sonnenuntergang. Ein bisschen zu schön, um wahr zu sein. Gänsehaut auf meinen Unterarmen. Die könnte aber auch vom Wind kommen.

Canelle und Tine sind hektisch: »We can't find the bracelets!«

Unruhe bricht aus. Die »Bracelets«, also die Armbänder, sind wichtige Utensilien des Trips. Alle Geretteten sollen so ein Bändchen bekommen, wie VIPs auf dem Hurricane-Festival, wie All-inclusive-Gäste an der Costa Smeralda. Ein Armband mit einer Nummer drauf, mit der wir die Menschen registrieren. Das ist wichtig, zum Beispiel für die Essensausgabe, damit die Leute sich nicht zwei- oder dreimal anstellen. Mit den Nummern können wir das schnell überprüfen. Unsere ganze Versorgungsstruktur ist im Grunde darauf ausgerichtet, ohne Armbänder könnte es chaotisch werden. Doch die bestellten Bracelets sind nirgendwo zu finden. Dabei sollten heute Abend die ersten ausgeteilt werden, an uns, die Crew, damit zwischen uns und den Geretteten kein Unterschied gemacht wird.

Nach langen Diskussionen entscheidet sich Canelle für graues Gaffa-Tape, aus dem wir heute noch gemeinsam 500 Armbänder basteln sollen. Das Tape gibt es in Massen im Maschinenraum. Schneiden, Kleben, mit Edding die Nummer drauf, und das dann mit Tesafilm fixieren, bis spät in die Nacht. Alle machen mit. Jeder sucht sich seine eigene Nummer raus.

Nach dieser ungeplanten Werkel-Einheit bin ich wieder so hungrig, dass ich meinen letzten *Food Drink* einfach austrinke.

Mein Bracelet –
selbst gebastelt [8]

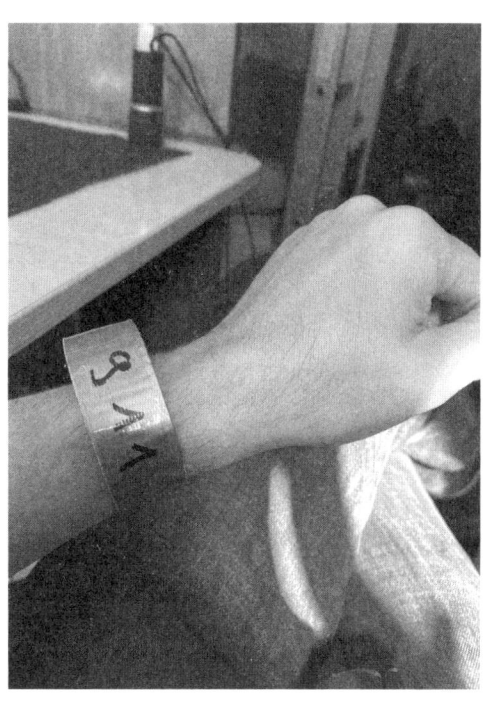

Tag 6
Lass es raus

9. Mai

Der Wellengang hat mich in den Schlaf gewiegt, und genauso bin ich aufgewacht. Alles schwankt. Stefan ist natürlich schon wieder vor mir aufgestanden und blickt durch eines der Bullaugen:

»Da ist ja ein Schiff.«

Ich taumele aus dem Bett. Tatsächlich, nicht fern von uns erkenne ich die *Alan Kurdi* – das Vorgängerschiff der *Sea-Eye 4*. Ausgerechnet diese beiden haben sich getroffen, weit vor der spanischen Küste, zwischen Ibiza und Mallorca. Wir auf dem Weg Richtung Libyen, die anderen mit dem Ziel Burriana, nachdem die *Alan Kurdi* monatelang in Italien festgehalten wurde. Wegen »unzureichender Sanitäranlagen«. Den italienischen Behörden fällt immer was Neues ein, um die Schiffe der Nichtregierungsorganisationen, der NGOs, festzusetzen. »Zu viele Rettungswesten an Bord« ist ebenfalls ein gern genommener Vorwand, sie an weiteren Rettungsfahrten zu hindern. Völlig absurd.

Wahrscheinlich werden sich die Schiffe nie wieder auf hoher See begegnen, denn dass beide parallel im Einsatz sind, ist extrem unwahrscheinlich. Es ist einfach zu teuer. Seenotrettung ist extrem kompliziert und höchst kostspielig. »Alles wurde komplett durch Spenden finanziert. Unser Schiff an sich hat schon über eine Million Euro gekostet. Die Umbauarbeiten haben dann fast noch einmal eine zusätzliche Million verschlungen«, hat mir der Erste Offizier Josh erzählt. Die laufenden Kosten und Gebühren sind in dieser Rechnung nicht einmal drin.

Und was für ein Segen, dass sich unser Weg mit der *Alan Kurdi* kreuzt, denn nur zwei Stunden zuvor – in der Nacht – haben die Maschinisten Alarm geschlagen: Unsere Wasseraufbereitungsanlage ist kaputtgegangen. Die *Alan Kurdi* hat exakt das gleiche Modell an Bord, und ihre Crew kann uns das defekte Teil leihen, da sie ja eh nur noch einen Tag bis zum Hafen braucht. Keine Ahnung, was wir ohne Wasseraufbereitungsanlage gemacht hätten! Das hätte unsere Trinkwassersituation massiv gefährdet, trotz der Notrationen an Bord. Die Anlage wandelt Meerwasser in Trinkwasser um und bewältigt nicht unwesentliche Mengen am Tag, die in unsere Leitungen eingespeist werden und aus dem Hahn kommen. Das Leitungswasser ist deshalb als Trinkwasser fest einkalkuliert. Dafür sollte die Aufbereitung aber funktionieren. Unsere Mission hätte daran noch scheitern können.

Ich merke, Seenotrettung braucht nicht nur Engagement, sondern auch Glück. Das hatten wir nun schon doppelt: neuer Kapitän, neue Wasseranlage. Aller guten Dinge sind drei, einen Schuss haben wir also noch frei.

Beim Duschen muss ich mich an den Haltegriffen festhalten, sonst wird mein Körper zwischen den Wänden hin und her geschleudert. Gar nicht so einfach, sich einhändig die Haare zu waschen.

Die *Alan Kurdi* – aus meinem Bullauge fotografiert [9]

Da keiner den Frühstücksdienst übernommen hat, biete ich
mich an. Es ist heiß und stickig in der fensterlosen Kombüse.
Als ich eine Banane schäle, passiert's: Mir wird urplötzlich
speiübel. Wenige Sekunden kann ich es kontrollieren und verdrängen. Ich werde mir doch nicht die Blöße geben und der
Erste sein, der hier kotzt. Dann halte ich es nicht mehr aus.
Ich renne raus an Deck, Horizont sehen, das wird mir helfen.
Aber es ist zu spät. Gott sei Dank steht Stefan vor der Krankenstation. Er sieht mich, verschwindet und läuft mir kurz darauf
mit einem Brechbeutel aus Papier in der Hand entgegen. Die
haben wir massenweise auf der Station. Ich renne Richtung
Heck, rum um die Container, um *den* Container, und es spritzt
in die Tüte. Wässriger Schleim, mehr und mehr, wie erniedri-
gend, hoffentlich hört mich keiner. Ich kotze im Strahl, wie es
so treffend heißt, alles muss raus. Zwar bringe ich den Brech-

beutel nicht zum Überlaufen, aber es ist beachtlich, was morgens im Magen noch so herumschwappt.

Mit einem Mal ist die Übelkeit weg, so schnell, wie sie gekommen ist. Ich richte mich auf und muss grinsen – über mir flattert die Deutschlandflagge. Auf weichen Knien wanke ich ins *Hospital* und werfe den Brechbeutel verstohlen in den Mülleimer.

Als ich mich umdrehe, steht Stefan hinter mir. »Wie geht es dir?«, sorgt er sich.

»Alles wieder gut«, strahle ich, ein bisschen zu offensichtlich übertrieben. Ich sehe, dass er sieht, dass nicht alles wieder gut ist, aber er kommentiert das nicht weiter.

Ich gehe zum Frühstück und versuche, etwas zu essen. Haferbrei. Und siehe da: Ich habe richtig Appetit und haue rein. Das ist mir auch noch nie passiert, dass ich mich direkt nach dem Kotzen satt futtere. Fühle mich wie ein Heidi-Klum-Topmodel. Wenn mir jetzt wieder übel wird, kann ich zwei Brechbeutel vollmachen, der Magen ist aufgetankt, mit Superplus-Haferbrech unverbleit.

Später habe ich meinen ersten seltsamen Moment mit Stefan. Es geht um eine Kleinigkeit: Wie genau das Erste-Hilfe-Training für die Crew ablaufen soll, das morgen startet. Es gehört zu unseren Aufgaben, das Team zu coachen, auf Englisch. Und jetzt müssen wir noch den Punkt klären, wann wir den Leuten die Krankenstation zeigen – in der Mitte des Vortrags oder am Ende. Ich bin für das große Finale am Schluss, Stefan ist anderer Meinung.

»Ich musste schon so viele Shows moderieren, glaub mir, am Ende ist das besser aufgehoben«, sage ich.

»Ich war über 30 Jahre Lehrer. Mit Unterricht und Lehrplänen kenne ich mich aus«, entgegnet er. Und setzt sich durch.

War kurz eine komische Stimmung, Aufbegehren gegen den

sonst so kooperativen Herrn Doktor. Aber natürlich gewinnt der Doc immer, wenn er denn will, so ist die Hackordnung.

Viele Meetings später trete ich meinen Dinner-Dienst an – ich muss wieder in diese Küche. Mittlerweile klebt ein kleines, rundes Scopoderm-Pflaster hinter meinem Ohr, das soll mir drei Tage lang die Übelkeit nehmen. Und bisher merke ich wirklich nichts mehr. Das Schiff rollt kräftig von links nach rechts, dabei umgeben uns nicht mal hohen Wellen.

» Die *Sea-Eye* ist zwar groß und schwer, dennoch ist sie leider etwas instabil «, hat Josh mir erklärt.

» Wie wird das dann erst, wenn das Wetter schlecht ist? «, fragte ich entsetzt.

» Du wirst es merken «, lachte er.

Die dicke Luft in der Küche ist geschwängert von Fleischgeruch und Bratenfett. Ich schnappe mir alles, was ich brauche, und baue meinen Arbeitsplatz im *Mess Room* auf, ein mit Tischen und Bänken zugestellter Raum neben der Kombüse. Zwischen zwei Bullaugen hängt ein Plastikhummer, als bräuchte es noch etwas maritimes Flair, dabei erinnert einfach alles daran, dass man auf See ist. Abstellflächen sind bedeckt mit blauer Elefantenhaut, einer Anti-Rutsch-Folie, damit sich beim Frühstück nicht das Schälchen verabschiedet, sobald man den Müslilöffel zum Mund führt. Die Teller im Regal sind von einem Holzzylinder umfasst, man kann sie nur von oben entnehmen. Die Gläser hängen in einem Brett mit extra ausgesägten Löchern. Jedes Regalfach wird vorne von einer Leiste abgeschlossen, damit Cornflakes-Packungen und Spielesammlungen nicht herausrutschen.

Mein Plan geht nicht auf, da ist sie wieder, diese verdammte Übelkeit, die alles andere blitzartig überlagert. Ich renne nach draußen, stürze ins *Hospital,* Brechbeutel her, dann wieder hinter den Container.

Ich würge. Nichts kommt. Dann noch mal, und ein kräftiger Schwall erleichtert meinen krampfenden Magen. Ich kotze um mein Leben, es geht mir so elend. Fülle den Brechbeutel wieder knapp bis zum Rand. Ein letztes Würgen, dann ist alles vorbei.

Auf dem Weg zurück zum Dinner begegne ich Stefan und Marlene und lasse sie an meinem Leid teilhaben. Beim Essen packe ich mir Tortellini, Gurkensalat und ordentlich Tofu auf den Teller.

Als Stefan und Marlene den Speiseraum betreten und meine Portion sehen, brechen sie in schallendes Gelächter aus. Eben noch gekotzt, jetzt schon wieder Vielfraß. Auch ich muss lachen.

Alle schauen hoch und blicken fragend von einem zum anderen. Jetzt fliegt alles auf. Ich fasse mir ein Herz und erzähle es ihnen. Jetzt weiß jeder: Ich bin der Erste, der gekotzt hat. Und der Typ, der ab jetzt immer eine Kotztüte neben seinem Kopfkissen liegen hat.

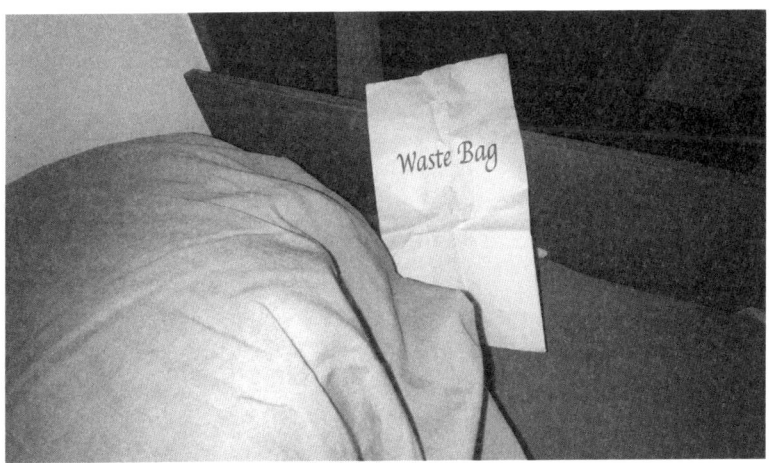

Ein Herz und eine Seele: mein Kopfkissen und die Kotztüte [10]

Vor der Nachtruhe schauen wir uns zusammen eine 20-minütige Doku an, über den letzten Einsatz der *Open Arms* vor ein paar Monaten vor der libyschen Küste. Genau dort, wo wir auch hinwollen. Alles, was wir sehen, könnte uns auch blühen.

Es sind erschütternde Bilder. Auf einem Schlauchboot mit etwa 80 Geflüchteten bricht eine Massenpanik aus. Eine Mutter bittet flehend: »Please, take my baby!« – aber da ist es bereits zu spät. Das Boot kentert, und fast alle fallen ins Wasser. Das Baby wird aus dem Wasser gezogen und noch im Rettungsboot reanimiert, vergebens.

»This is a war zone«, sagt ein Mediziner an Bord. Leichen liegen auf den Planken. Diese Menschen hat man aufgegeben. Es waren einfach keine Hände frei, um wenigstens den Versuch zu unternehmen, sie zu reanimieren. Die Crew muss sich um diejenigen kümmern, die im Wasser um ihr Leben kämpfen.

»Das zieht einen runter. Ich will das nicht haben«, sagt Stefan. Ich auch nicht. Was für eine Horrorvorstellung, Menschen beim Ertrinken zugucken zu müssen.

Meine Furcht vor den nächsten Tagen wächst. Das Mittelmeer – die tödlichste Meeresgrenze der Welt. Seit 2014 sind den Vereinten Nationen zufolge mehr als 20 000 Menschen ertrunken. Plus Dunkelziffer. Ein riesiges Massengrab.

Each one teach one

10. Mai

Die See wird rauer. Boden und Wände sind in Bewegung, als wäre ich dauerhaft besoffen. Vor den Bullaugen wandert der Horizont auf und ab, mal sehe ich nur Wasser, dann wieder nur Himmel. Das Duschen gleicht einem Schleudergang, meine Arme sind mittlerweile übersät von blauen Flecken. Alles, was nicht festgebunden ist, fliegt herum. Selbst kleine Plastikflaschen werden zu gefährlichen Geschossen.

Aber erstaunlicherweise bleibt die Übelkeit aus. Hilft das Pflaster hinter meinem Ohr? Oder habe ich mich bereits an die Schaukelei gewöhnt? Drei Tage braucht der Körper normalerweise dafür. Vielleicht liegt es auch einfach daran, dass ich keinen »Kitchen-Job« habe.

Der Film von gestern lässt mich nicht los. Kann er auch gar nicht, denn heute üben wir den Ernstfall. Über den Tag hinweg frischen wir bei der gesamten Besatzung, aufgeteilt in kleine Gruppen, das Erste-Hilfe-Wissen auf. Es ist die erste Unterrichtsstunde meines Lebens, die ich gebe. Gar nicht so einfach, bei diesem Wellengang zu reanimieren, wenn auch nur andeutungsweise. Meine Hände rutschen auf Marlenes Brustbein auf und ab. Jetzt bloß nicht durch das Schwanken verunsichern lassen. Und dabei muss ich alles auf Englisch erklären. Ich kämpfe mit den Worten: Was heißt noch mal Brustbein? *Breastbone.* Und dieses *breastbone* ist ganz entscheidend bei der Reanimation, mittig auf dem Brustbein ist der richtige Punkt für die Herzdruckmassage.

Dann zeigen wir, wie man ein Baby reanimiert. Der Oberkörper wird umfasst und mit beiden Daumen gleichzeitig gedrückt. Das reicht bei einem Säugling aus. Ich will das nicht. Ich will nicht, dass wir ein Kind reanimieren müssen. Wie im Film gestern, da wurden gleich zwei reanimiert. Und nur eines hat es geschafft. »War Zone«. Besonders viele Reanimationen können wir nicht leisten, dafür haben wir weder die Manpower noch die Ausstattung. Unsere beiden Defibrillatoren haben Patches, die man nur einmal verwenden darf. Das heißt genau genommen, Stromstöße gibt es während dieser Mission nur für zwei Erwachsene und ein Kind. Mehr Equipment ist nicht da.

Ich bin mir nicht sicher, ob das eine gute Idee war, uns so knapp zu bestücken, das könnte richtig nach hinten losgehen. Und das wäre doch verrückt – nur weil keine Nachfüll-Patches besorgt wurden! Shit, die Angst kommt hoch. Vielleicht haben wir ja Glück und brauchen die Defis nicht, versuche ich mich zu beruhigen, erfolglos. Auch der Rest der Crew staunt, als wir ihnen davon erzählen. Vielleicht können wir die Patches im Notfall wiederverwenden. Vom Hersteller empfohlen ist das natürlich nicht. Aber improvisieren müssen werden wir ja ohnehin.

Bereue ich meine Entscheidung, dass ich aufs Schiff gegangen bin? Nein. Bin ich mir sicher, dass wir das irgendwie gut schaffen werden? Darauf kann ich gerade nicht klar antworten. Nichts ist sicher, auf hoher See erst recht nicht.

Die RHIB-Crews trainieren abends noch Ertrinkungsnot-

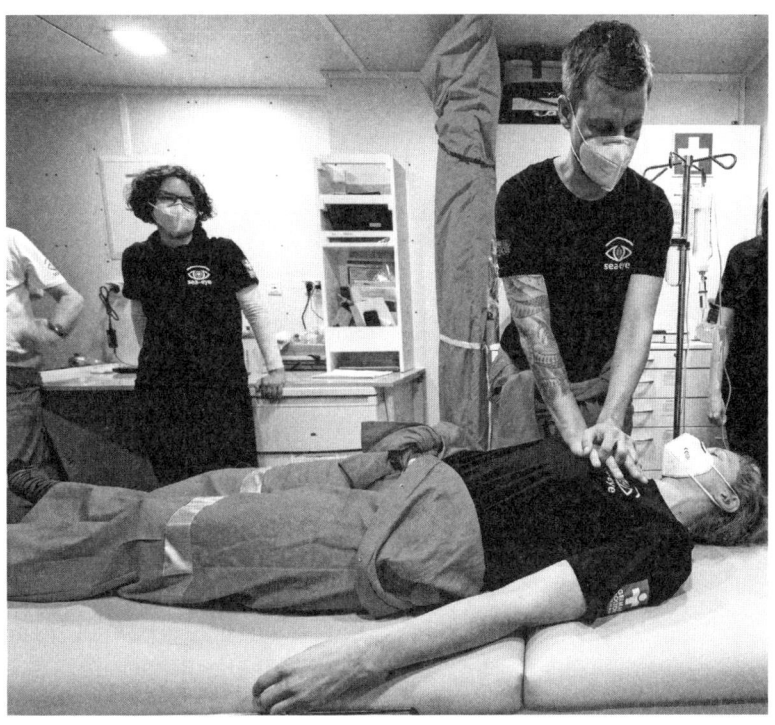

Reanimationstraining am lebenden Objekt (Marlene) [11]

fälle. Mensch über Bord. Auch hier wieder Thema: Reanimation von Kindern, die aus dem Wasser geholt werden. Das verfolgt mich heute. Bin unruhig und für nichts zu gebrauchen. Bald könnten wir hier an Deck Hunderte Leute haben. Das wird ein absoluter Ausnahmezustand, auch medizinisch. Alle Leute sollen von uns gesichtet, untersucht und dokumentiert werden. Ich hasse Dokumentation auch im Rettungsdienst. Es frisst zu viel Zeit und ist nicht die Arbeit, die man eigentlich machen will. Aber jetzt würde ich gerne mit dem Teufel einen Pakt schließen: Keine Kinderreanimation, dafür dokumentiere ich gerne 1000 Leute.

Übrigens habe ich Patrick heute mit meinem Agenten-Verdacht konfrontiert, nur so zum Scherz, versteht sich: »Are you a secret Frontex agent called Klaus?«

Er hat gestutzt, erst verwirrt, dann sprachlos, sein Blick *as cold as Ice Ice Baby!* Dann lächelte er müde, schüttelte den Kopf, klopfte mir auf die Schulter und ließ mich einfach im Gang stehen. Irgendwie unangenehm.

Ich bin mir unsicher, wie ich seine Reaktion deuten soll. Er wäre auf jeden Fall ein sehr guter Agent.

Während ich Zähne putze, betrachte ich die unausgepackte Gitarre, die zwischen Bank und Regal klemmt. Ein Symbol für alles, was ich gerade nicht schaffe. Weil sich in meinem Leben die Prioritäten verschoben haben. Der Tag hat leider keine 36 Stunden. Volle Konzentration auf die Krankenstation, alles andere steht hinten an. Medizin-Tunnel.

Außerdem müssen wir versuchen, so viel Schlaf wie möglich zu sammeln. Bald kommen nämlich noch die Nachtschichten hinzu, in denen wir nach Booten in Seenot Ausschau halten.

Unausgeschlafene Mediziner: die beste Kombi für Fehler.

Tag 8
Aliens

11. Mai

Wir nähern uns der nordafrikanischen Küste. Heute treten wir in die »Search and Rescue«-Zone – die SAR-Zone – von Tunesien ein. Das ganze Mittelmeer ist aufgeteilt in solche Zonen, mit ihnen wurde festgelegt, in welchem Gebiet welcher Staat prinzipiell für Such- und Rettungsaktionen zuständig ist.

Ich versuche, Kontakt in die Heimat aufzunehmen, aber das Internet fällt immer wieder aus. Jedem Crewmitglied stehen nur 12 MB pro Tag zu. Damit kann man WhatsApp-Nachrichten schreiben oder SMS, mehr aber auch nicht. Wenn man nur erwägt, Instagram zu öffnen, ist das Datenvolumen verschlungen. Trotzdem bekommen wir dank unserem *Field Media Coordinator* Guillaume einiges aus der Welt mit. Denn der hat einen Internetzugang, der nicht ganz so limitiert ist. Genau wie der Kapitän und alle anderen Positionen auf dem Schiff, die es brauchen. Mit unserem *Hospital*-Laptop haben wir sogar einen unbegrenzten Zugang, der aber ist sehr, sehr langsam.

Die Internetverbindung läuft über Satellit, und Sea-Eye hat ein Datenpaket für Tausende von Euro eingekauft. Trotzdem gilt dasselbe wie beim Trinkwasser: sparsam sein.

Lediglich eine Sache gibt es, mit der wir bloß nicht geizen sollen: Klopapier. In unserem Fäkalientank schwimmen nämlich Bakterien einer besonderen Sorte, und die haben vor allem Bock auf Klopapier. Das fressen sie und sorgen gleichzeitig für die Reinigung des Tanks. Es kommt für die Herrschaften aber nicht irgendein Klopapier infrage, es muss schon diese eine spanische Billigmarke sein. Zewa Ultra Soft oder der Charmin-Bär werden verschmäht. Was die Bakterien nicht kennen, das fressen sie nicht. Klingt nach den Unsympathen von der AfD. Schwimmen im Braunen und fischen nach ... na ja.

Wir haben also von unserem Ersten Offizier Josh den Auftrag bekommen, möglichst viel Klopapier zu benutzen. Das stellt meine Welt auf den Kopf. Seit Jahrzehnten predigen meine Eltern das Gegenteil, aus der nicht ganz unberechtigten Angst heraus, ich könnte für eine Verstopfung sorgen.

Ich male mir diese AfD-Bakterie aus wie ein kleines Monster mit einer wilden Mähne, hellblau leuchtend, gefräßig. Es wächst und wächst, und der Fäkalientank wird ihm allmählich zu klein. Und wenn wir unsere *Malwine in der Badewanne* weiter füttern, platzt das Vieh schließlich wie in *Alien* aus dem Rumpf des Schiffs heraus und beschmeißt uns mit unserer eigenen ... Keine weiteren Details.

Immerhin: Ich habe schon wieder nicht gekotzt. Nice. Leider juckt das Pflaster hinter meinem Ohr. Soll ich es abmachen und volles Risiko gehen? Oder nach drei Tagen gleich ein Neues aufkleben? *I don't know.* So langsam setzt sich das Englische durch. Kein Wunder, wenn man den ganzen Tag mit seinem Wortschatz kämpft. »Einen Schmerzreiz setzen«, »Schaufeltrage«, »Absauggerät«. Fuck. Keine Ahnung, was das übersetzt heißt. So haben sich in unser heutiges *Medical-Training* für die Crew notgedrungen einige deutsche Begriffe eingeschlichen. Damit muss sie leben.

Ich hoffe aber wirklich, dass jetzt alle wissen, was im Notfall zu tun ist, wenn sie eine bewusstlose und nicht atmende Person entdecken. Es erleichtert unsere Arbeit und mein Gewissen, wenn ich weiß, dass auch andere Erste Hilfe leisten und uns damit im Katastrophenfall unterstützen können. Zum Beispiel, wenn es zwei Reanimationen gleichzeitig gibt. Von zwei Erwachsenen. Oder zwei Kindern. Habe ich schon gesagt, dass ich das nicht will?

Mir wird nun doch ein bisschen übel von meinem Kopfkino. Sollten in genau diesem Moment Menschen in Libyen in ein Boot steigen und sich auf den Weg machen, werden sie vielleicht diejenigen sein, die wir entdecken und einsammeln. Wissen sie, dass wir kommen? Sind Kinder dabei?

Eines ist jedenfalls klar: Es ist gut, dass wir unterwegs sind, denn schon heute haben uns über die NGO Alarm Phone die Notrufe einiger Boote erreicht. Mehrere Hundert Menschen auf insgesamt fünf Booten in der maltesischen SAR-Zone. Was wird aus ihnen? Werden sie durchhalten, bis wir kommen? Das dürfte noch mindestens drei Tage dauern. Drei Tage auf dem Mittelmeer, bis zu 150 Leute pro Boot, ohne ausreichend Essen und Trinken, mit Schwangeren, mit kleinen Kindern. Vielleicht liegen in der Mitte des Bootes jetzt schon Tote. Vielleicht ist ihre einzige Hoffnung, dass Malta schon so nah ist.

In der Regel läuft es so: Die Menschen werden von libyschen Schleppern in Schlauch- oder Holzboote gesetzt und aufs offene Meer gebracht. Die Boote sind hochseeuntauglich und meistens völlig überfüllt. Im Grunde schicken die Schlepper die Leute wissentlich in den sicheren Tod und zocken sie dafür noch ab. Oder aber, die Geflüchteten werden direkt abgefangen, und zwar von der libyschen Küstenwache. Die stecken die Menschen in Lager, aus denen viele nie wieder auftauchen.

»Ich sage immer: die sogenannte libysche Küstenwache«, hat Josh klargestellt. »Das ist keine richtige Küstenwache. Das sind Milizen, die dafür bezahlt werden, die Menschen in Internierungslager zu stecken.«

Klar ist auch: Für niemanden, der oder die den gefährlichen Weg aufs Meer hinauswagt, ist sicher, dass irgendein NGO-Schiff zur Rettung naht. Wir können nur einem kleinen Teil der Menschen helfen.

Und es gilt, die Worte noch bewusster zu wählen. Jan und Canelle haben uns aufgefordert, weder von »Geflüchteten« noch von »Geretteten« zu sprechen, sondern einfach nur »Gäste« zu sagen. Eine Wortwahl kann so wirkmächtig sein – und wir wollen niemanden auf die Flucht reduzieren. Es sind Menschen. Und: *Guests* – unsere Gäste. Ich mag die Haltung dahinter, es klingt aber leider ein bisschen zu harmlos. Denn diese Gäste haben unfassbares Leid erfahren und ertragen. Es sind Überlebende. Von uns werden sie deshalb umso freundlicher behandelt werden.

Und jetzt reiße ich mir das juckende Pflaster runter. Volles Risiko.

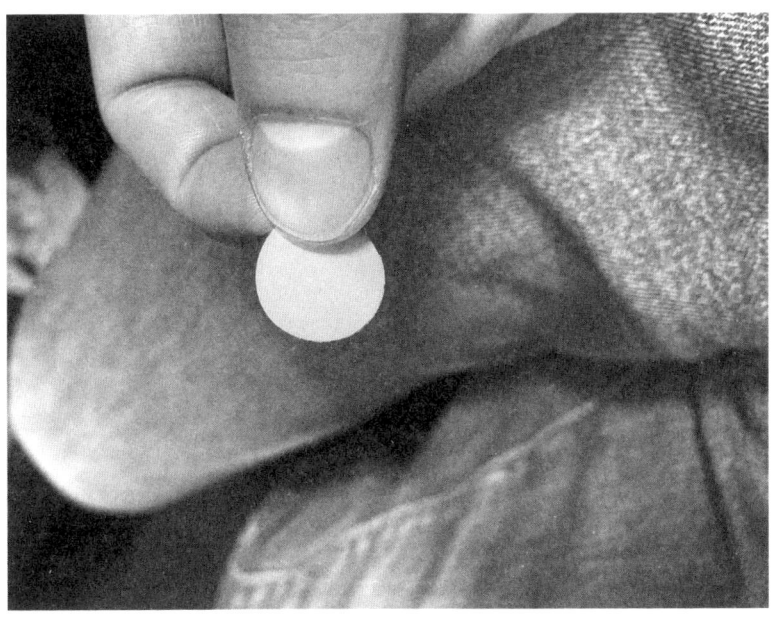

Das Pflaster gegen Seekrankheit hat ausgedient. [12]

Tag 9
Katastrophe

12. Mai

Diesmal proben wir richtig, die ganze Prozedur. Es wird Zeit. Morgen fahren wir an Lampedusa vorbei und könnten bereits auf Boote in Seenot stoßen. Der ganze Tag geht für die Übungen drauf.

Wir trainieren allerdings nicht mit den RHIBs, da gestern eins kaputtgegangen ist, als es bei dem starken Seegang unvorsichtig zu Wasser gelassen wurde. Die Wellen sind auch heute hoch und wir können es nicht riskieren, dass wir noch eins der Festrumpfschlauchboote verlieren. Dann wären uns bei einer Rettung komplett die Hände gebunden. Denn die RHIBs sind dafür da, die Gäste aufzunehmen und auf das Mutterschiff, also die *Sea-Eye 4,* zu shutteln. Das Loch wurde gestern notdürftig geflickt, und jetzt darf der Kleber 24 Stunden nicht mit Wasser in Berührung kommen. Ich hatte diesen »Unfall« gar nicht mitbekommen, da ich komplett vom *Medical-Training* für die Besatzung eingenommen war.

Also, keine RHIBs. Dafür spielt die RHIB-Crew jetzt Gäste,

die an Bord kommen. Sie erhalten alle unsere selbst gebastelten Armbänder mit ihrer Nummer. Jede Nummer steht für einen Namen, das Herkunftsland, den Familienstand und das Alter. Und ein Schicksal. Nach der Registrierung kommt der Securitycheck. Die Gäste dürfen keine gefährlichen Gegenstände mit aufs Schiff nehmen, genauso wenig wie Tabak – zu groß die Gefahr, dass etwas in Brand gerät. Vor Feuer haben sogar die erfahrenen Seeleute Angst. Überall befinden sich brennbare Dinge an Bord. Schiffsdiesel, Gasflaschen.

»Feuer ist das Schlimmste auf einem Schiff«, sagt Alex mit seinem ukrainischen Akzent. Er gehört zu den Maschinisten, hat einen schwarzen Schnurrbart und noch mehr Muskeln als Arnaud.

Von Beginn an wurde uns deshalb eingeschärft, den Filter des Wäschetrockners nach Benutzung immer penibel zu reinigen. Wie mir bislang nicht bekannt war, sind nicht gereinigte Trocknerfilter die häufigste Ursache von Schiffsbränden. Ich habe zu Hause keinen Trockner, und das Sieb meiner Waschmaschine habe ich ebenfalls noch nie gereinigt. Aber seit dieser Ansage halte ich mich penibel daran und säubere übertrieben gewissenhaft den Filter, kratze alle Flusen raus und puste sie weg. Bei den Trocknern und den Waschmaschinen an Bord. Wieder was gelernt.

Die Simulation an Deck beginnt, der Ernstfall wird geprobt. Die Crewmitglieder spielen Gäste und kommen auf das Schiff. Marlene, Stefan und ich stehen in zweiter Reihe und machen die Triage. Falls es einen medizinischen Notfall gibt, gehen auf jeden Fall zwei von uns ins *Hospital,* der oder die Dritte macht draußen weiter. Gleichzeitig soll ich die wichtigsten Vitalparameter erheben: Sauerstoffsättigung, Puls, Temperatur, Gesamteindruck. Wir leben noch immer in einer Pandemie, und deshalb ist gerade das Fiebermessen wichtig.

Und so geht die Probe los. Gleich zu Beginn haben wir einen krampfenden Gast, unsere Pressesprecherin und RHIB-Kommunikatorin Sophie, die sofort per Tragetuch auf die Krankenstation gebracht wird. Dort simuliert sie eindrucksvoll, sie würde alles vollkotzen, noch bevor wir den Brechbeutel holen können. Ich bin überfordert. Nichts ist eingespielt. Das Pulsoxymeter, das den Sauerstoff messen soll, funktioniert nicht. Dadurch verliere ich Zeit, und Stefan muss sich selbst um einen Zugang kümmern. Sophie krampft ein weiteres Mal. Hektik bricht aus. Genau die können wir im *Hospital* so gar nicht gebrauchen. Draußen höre ich Schreie. Ein weiterer Gast ist ohnmächtig zusammengebrochen. Es ist Jan, der nicht mehr ansprechbar ist. Im Laufe der Übung kommen wir mit den Notfällen nicht mehr hinterher. Unsere Abläufe im *Medical-Team* sind trotz aller Absprachen plötzlich unklar, die Kommunikation funktioniert schlecht. Das Spiel zeigt uns unsere Grenzen auf.

Doch die ganze Crew wirkt überfordert. Gäste mit Messern kommen einfach so durch den Securitycheck. Kaum einer kennt seine genaue Position, viele lassen sich durch neue Ereignisse ablenken und verunsichern. Bis die Gäste endlich geordnet sitzen und vollständig versorgt und registriert sind, vergeht viel zu viel Zeit. Und wir als *Medical-Team* merken reichlich spät, dass unsere erste Patientin schwanger ist. Hat keiner vermutet und nachgefragt. Kaum haben wir sie wieder nach draußen befördert, fängt sie schon wieder an zu krampfen. Da ist sie, die »War-Zone«, die wir so fürchten.

Tine, die Köchin, ist sauer, dass alles so schiefläuft, und spricht das laut und deutlich beim anschließenden Briefing an. Es steht die Überlegung im Raum, dass wir einen Umweg fahren oder Tempo rausnehmen, da einige von uns ein ungutes Gefühl haben bei dem Gedanken, morgen bereits in die SAR-Zone von Libyen einzutreten. Nicht nur das *Medical-Team* ist am Boden und verunsichert, weil ein Großteil der Crew bei der Übung derartig den Überblick verloren hat. Weil es einfach nicht geklappt hat, den Schalter umzulegen: vom »Vorbereitungsflow« in den »Einsatzmodus«.

Allerdings war das ein wirklich krasses Szenario, das wir da inszeniert haben. Muss es so schlimm kommen? Hat es deshalb überhaupt Sinn, jetzt extra später anzukommen? Wie viel muss man üben, um solch ein Szenario perfekt zu beherrschen? Das Team der *Open Arms* gestern in dem Film war doch gut trainiert und trotzdem überfordert.

Gleichzeitig hören wir von Guillaume die Meldung, dass tote Menschen an der libyschen Küste angespült worden sind. Tote, kalte Körper. Ertrunken.

Wir müssen einsatzfähig werden, so schnell wie möglich. Aber bitte noch einen Trainingstag. Mit dieser Generalprobe

RHIB im Trainingseinsatz [13]

können wir alle nicht umgehen. Bitte noch einen letzten Tag Training. Damit wir die Abläufe besser in den Kopf kriegen. Dann sind wir bereit. Versprochen.

Am Abend meine erste *Nightwatch*. Ich denke an *Game of Thrones*, Nachtwache am Fuße der Eismauer. Ganz so hart ist es hier nicht, allein schon die Temperaturen sind angenehmer, obwohl ein Pulli angebracht ist. Außerdem dauert die Wache nicht bis an mein Lebensende, sondern von 22 Uhr bis Mitternacht. Zum Glück nicht von Mitternacht bis 4 Uhr morgens, mit dieser Schicht wird der Schlaf wirklich knapp. Nun harre ich neben dem rumänischen Kapitän Ion aus und schaue in das schwarze Nichts vor uns.

Das Erste, was er sagt, ist: »Don't touch this.« Dabei zeigt er auf das Steuerrad. Er erklärt mir das Radar. Dort tauchen in der Regel alle Boote auf, die in Seenot sind, oft auch die kleinen. Dieses Radar soll ich im Auge behalten. Außerdem steht die Tür der Brücke offen, und ich muss gelegentlich raustreten und horchen, ob da Hilferufe sind. Noch wäre das vom Kurs her aber viel zu früh. Erst am Morgen werden wir Lampedusa erreichen und die libysche SAR-Zone dann gegen Abend. Wenn wir vorher nicht doch noch mal stoppen oder das Tempo drosseln.

Ich staune, wie Ion quasi blind durch die Nacht fährt. Er hat keine Wahl, er muss sich auf seine Geräte verlassen. Zur Not hat er noch einen großen Kompass. »Never gets broken«, sagt er. Unkaputtbar.

Ich hatte mich auf zwei extrem ruhige Stunden eingestellt. Denn Nina, eine Fotografin, war gestern um diese Zeit dran. Wie es so sei, nachts neben dem Kapitän zu sitzen, habe ich sie vorhin gefragt.

»He is nice, but he doesn't talk much«, antwortete Nina. »I read a book.«

Kapitän Ion kreuzt das Hauptdeck. [14]

Ein Buch? Nicht nötig. Einfach eine Runde Schweigen. Endlich wieder Ruhe.

Aber nein, ich stehe jetzt neben Ion, und der hört nicht auf zu reden. Erzählt mir seine Lebensgeschichte. Das Problem: sein Akzent und seine sehr leise Art zu sprechen. Ich verstehe höchstens ein Drittel von dem, was er sagt, den Rest muss ich mir irgendwie zusammenreimen. Eigentlich war er pensioniert, seit zwei Jahren. Aber er wurde unruhig, konnte nicht von der Schifffahrt lassen. Damit er Kapitän bleiben darf, muss er mindestens alle zwei Jahre einmal als Kapitän unterwegs sein, sonst verliert er seine Lizenz. Deshalb hat er diesen Job hier angenommen. Das ist also seine Hauptmotivation. Hauptsache, raus mit einem Schiff.

Normalerweise fährt Ion Cargo- und Containerschiffe. Da

hatte er auch schon Kontakt mit Menschen auf der Flucht. Viele Handelsschiffe helfen Geflüchteten in ihren Booten nicht und fahren vorbei. Das ist höchst illegal, denn eigentlich muss einem Schiff in Seenot – und ein hochseeuntaugliches Boot ist per se in Seenot – immer geholfen werden. So bestimmt es Artikel 98 des Seerechtsübereinkommens der Vereinten Nationen. Aber in der Handelsschifffahrt geht es um Zeitpläne, die eingehalten werden müssen. Zeit ist Geld. Außerdem besteht die Möglichkeit, dass ein Cargo-Schiff mit Gästen an Bord im Hafen festgehalten wird, dann verliert die Reederei noch mehr Zeit, also Geld. Deshalb lassen die Crews vieler Cargo-Schiffe geflüchtete Menschen in Seenot links liegen oder gucken einfach nach Steuerbord, wenn sie Backbord ein Boot in Seenot entdecken.

Aber auf Ion trifft das nicht zu. Falls ich ihn richtig verstanden habe, hat er einmal an die 150 Gäste an Bord genommen.

Ich frage ihn, was er über unsere Crew denkt.

»It is a good crew. Nobody says no«, lächelt Ion.

Ich muss auch lächeln. Denn das trifft den Kern. Wir sagen zu gar nichts Nein. Wir sagen Ja. Ja zur Arbeit, Ja zur Migration, Ja zu den Menschenrechten. Wir alle unterstützen uns gegenseitig. Keiner sagt Nein, wenn man ihn fragt, ob er mit anpackt. Die Menschen hier an Bord haben sich entschieden, mit offenen Armen auf andere zuzugehen.

Ions restliche Erzählungen streifen mein Ohr nur noch als Wortfetzen. Ich bin zu müde und nicht mehr aufnahmefähig. Nicke nur manchmal und brumme. Merkt er nicht, dass ich bald eindöse? Außerdem fühle ich mich ein wenig überflüssig, da Ion selbst immer auf das Radar guckt. Okay, alle 20 Minuten geht er kurz raus und raucht eine. In diesen Momenten bin ich allein, und es ist wichtig, dass die Brücke nicht vollkommen verwaist ist. Es könnten ja Funksprüche eingehen oder das Radar aufblinken.

Aber trotzdem fange ich allmählich an zu glauben, der wahre Grund, warum es diese Nachtwachen gibt, ist dieser: Wir sollen verhindern, dass der – mit Ausnahme des heutigen Abends – etwas weggetreten wirkende Kapitän einschläft. *Nightwatch*. Für den Kapitän.

Als ich ins Freie trete, sieht der Himmel umwerfend aus. So sternenreich wie im Planetarium, bloß in echt. Keine Lichtverschmutzung. Nur massive Dunkelheit und diese Sterne. Wenn ich nach oben schaue, scheint es so, als würde sich nicht das Schiff bewegen, sondern die Sterne. Sie schwanken von links nach rechts. Das Universum ist besoffen. Von seiner eigenen Schönheit.

Tag 10
Boom!

13. Mai

Beim morgendlichen Briefing platzt die Bombe. Beide RHIBs haben ein Loch. BEIDE. Das wusste selbst unser *Head of Mission* Jan noch nicht. Ihm fällt ein gekautes Stück Pfannkuchen aus dem Mund. Das eine Boot wurde ja bereits geflickt, aber jetzt ist nach 24 Stunden wieder Luft entwichen. Das andere Boot wurde bei der Übung gestern doch noch zu Wasser gelassen und ging dabei ebenfalls kaputt, die undichte Stelle ist noch nicht gefunden.

Der Super-GAU. Nur noch wenige Stunden bis zur libyschen SAR-Zone, und wir stehen mit leeren Händen da. Die ganze Operation ist gefährdet. Wie zur Hölle kriegen wir diese RHIBs rechtzeitig einsatzfähig? Das fühlt sich gerade an, als wäre man im OP-Saal und der Chirurg hätte weder Skalpell noch Tupfer. Nur seine Hände.

Jetzt sind wir so weit gekommen. Wir können eh nur ein Zeichen setzen, aber jetzt scheint nicht mal das möglich. Wut steigt in mir hoch.

Für unsere Mission gibt es jetzt zwei Optionen: Entweder wir stoppen das Schiff, bis die RHIBs wieder einsatzfähig sind. Dabei würden wir Zeit verlieren und Menschenleben riskieren. Denn Gäste, die sich möglicherweise gerade auf den Weg gemacht haben, wären dann verloren.

Oder aber wir retten sie ohne RHIBs und nur mit unserem großen Schiff. Das wäre ein äußerst riskantes Manöver. Das Schiff müsste dann näher als üblich an die Boote ran. Die Menschen müssten im schlimmsten Fall ins Wasser springen und dann per Strickleiter an unserer Bordwand hochklettern. Wie soll das mit Schwangeren funktionieren? Wie mit kleinen Kindern? Wie sollen Verletzte eine Strickleiter erklimmen? Wir könnten ein, zwei unserer Taucher ins Wasser schicken, die könnten von unten beim Hinaufsteigen helfen. Würden bei solch einem Manöver nicht trotzdem einige ertrinken?

Da ist sie wieder, die Wut. Warum wird es den Seenotrettern so schwer gemacht? Warum gibt es keine professionelle europäische Seenotrettungscrew? Warum müssen wir Laien ran und dafür die Konsequenzen tragen? Europa lässt Menschen nicht nur erbärmlich ersaufen, sondern sorgt auch noch für traumatisierte Retter. Menschen, die ehrenamtlich einfach nur helfen wollen. Auch sie werden im Stich gelassen.

Canelle spricht aus, was ich denke: »If people would drown before my eyes, I will be traumatized the rest of my life.«

Eines der RHIB-Boote heißt *Mo'Chara,* das kommt aus dem Irischen und bedeutet »mein Freund« oder »meine Freundin«. Dieses Rettungsschlauchboot hat 30 Jahre auf dem Buckel. Mit ihm wurden bisher etwa 15 000 Menschen gerettet. Es war jahrelang aktiv zwischen Lesbos und der Türkei. Als eines der wenigen migrationsfreundlichen Schiffe, die den Menschen geholfen und sie vor dem Ertrinken bewahrt haben.

Mo'Chara trägt Geschichte in sich, es ist nicht irgendein Boot. Deshalb wird es von uns auch besonders gepflegt.

Mo'Chara – bitte lass uns nicht im Stich. Ich bin mir sicher, dass deine Geschichte noch nicht zu Ende erzählt ist. Auf zu mehr Heldentaten, *Mo'Chara*! Bitte! Die Gäste brauchen dich.

Die See ist ruhig. Wegen unserer Probleme fahren wir etwas langsamer. Heute Nacht werden sicher einige Boote an der libyschen Küste starten. Um nicht von den Wachen entdeckt zu werden, fahren sie meistens im Dunkeln los.

Nach den Berechnungen des Kapitäns werden wir morgen früh in die SAR-Zone eintreten, was bei unserem Übungszustand gut wäre. Dann können wir wenigstens noch ein bisschen schlafen. Und: Ein Einsatz in der Nacht ist deutlich unübersichtlicher als am Tag.

Ich habe inzwischen erfahren, dass es einen Notfallplan gibt, sollten beide RHIBs tatsächlich ausfallen. Dann werfen wir einfach alles ins Wasser, was schwimmt. Die lange, aufblasbare Centifloat-Wurst, eine Rettungsinsel, Schwimmwesten. Die verteilen wir mithilfe unseres Mini-Schlauchboots. Das gibt es nämlich auch noch. Vielleicht kann man damit auch Menschen transportieren, selbst wenn viel weniger hineinpassen als in die RHIBs. Und wenn das Boot in Seenot nicht komplett manövrierunfähig ist, lotsen wir es mit unserem Mini-Schlauchboot näher an die *Sea-Eye 4* ran und lassen die Leute die Strickleiter hochsteigen. Vielleicht muss dabei sogar keiner ins Wasser springen. Vielleicht. Und die Taucher stünden zur Unterstützung bereit.

Wir proben ein weiteres Mal das »Deck-Szenario« mit der gesamten Crew: Gäste kommen an und werden von Marlene und mir per Triage gecheckt. Sind sie kritisch oder nicht? Müs-

Marlene, ich und Stefan – das *Medical-Team* vor dem Training [15]

sen sie auf die Krankenstation, zeigen sie Schocksymptomatik, Zeichen einer Hypothermie? Oder können sie einfach weiter zur Registrierung? Diesmal gibt es keine Dramen. Diesmal ist die Simulation harmloser. Damit sich die Abläufe besser einspielen können. Und damit sich alle danach ein bisschen besser fühlen. Kein Ausnahmezustand, kein Brüllen und Schreien von Crewmitgliedern, die Gäste mimen.

Und so haben wir das Szenario tatsächlich ganz gut im Griff. Alles funktioniert wesentlich besser als gestern. Nach meinem Geschmack hätten wir aber härter rangenommen werden können. Das hätte uns zwar wieder ordentlich gefordert, aber so sollte eine Generalprobe doch eigentlich laufen. Ist die Generalprobe ein Reinfall, klappt das schon mit der Premiere, so lautet die Theaterregel. Es muss ja nicht gleich wieder eine übertriebene » War-Zone « inszeniert werden. Aber etwas realistischer hätte die Show schon sein können. Denn dass es so kommt wie heute, wäre zu perfekt. *No way.*

Dann kommt ein *Distress Call* von Alarm Phone rein.

18 Stunden ist das Boot, das den Alarm ausgelöst hat, von uns entfernt. Zu weit. Und es fährt von uns weg. Und sollten heute in unserer Nähe einige Boote starten, wären wir nicht mehr da.

Schweren Herzens entscheidet der Kapitän mit dem Ersten Offizier und dem *Head of Mission,* nicht zu dieser Position zu fahren. Dazu kommt: Wenn der Akku des Satellitentelefons, das den Alarm gesendet hat, in den nächsten 18 Stunden seinen Geist aufgibt, würden wir das Schiff höchstwahrscheinlich gar nicht finden.

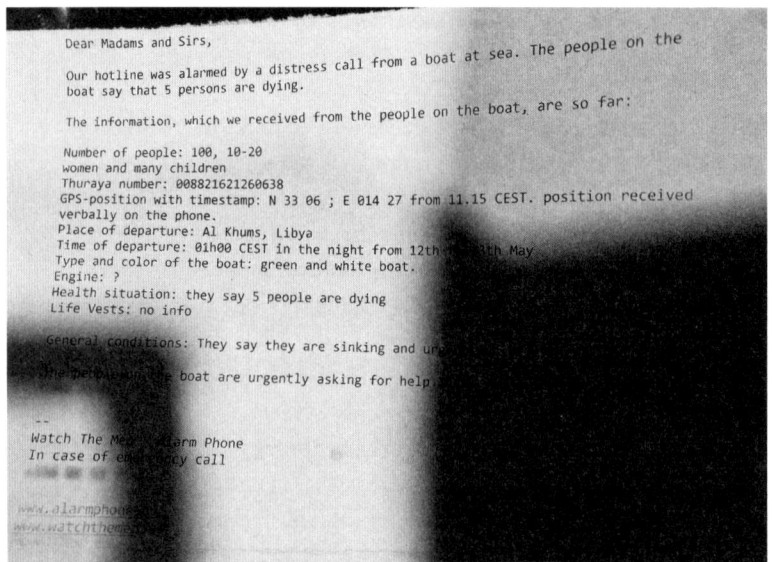

Dear Madams and Sirs,

Our hotline was alarmed by a distress call from a boat at sea. The people on the boat say that 5 persons are dying.

The information, which we received from the people on the boat, are so far:

Number of people: 100, 10-20 women and many children
Thuraya number: 008821621260638
GPS-position with timestamp: N 33 06 ; E 014 27 from 11.15 CEST. position received verbally on the phone.
Place of departure: Al Khums, Libya
Time of departure: 01h00 CEST in the night from 12th ... May
Type and color of the boat: green and white boat.
Engine: ?
Health situation: they say 5 people are dying
Life Vests: no info

General conditions: They say they are sinking and u...
...boat are urgently asking for help.

--
Watch The Me... ...arm Phone
In case of e... ...cy call

www.alarmpho...
www.watchthem...

Das Fax von Alarm Phone [16]

Die ganze Crew ist niedergeschlagen. Das ist der Grund, weshalb wir nicht länger warten und stoppen können. Wir werden gebraucht.

Auf diesem Boot, dem wir nun nicht helfen können, sind 100 Leute, steht da. Viele Frauen und Kinder. Und fünf Leute sind dabei zu sterben. » They are sinking. «

Ich könnte kotzen. Diese Menschen sind so gut wie verloren. Wieder ertrinken wahrscheinlich 100 Menschen im Mittelmeer. Es lässt mich ohnmächtig zurück, dass alle davon wissen, aber nichts passiert. Europa hat versagt. Europa ist ein Arschloch. Europa sollte verurteilt werden. Ohne Bewährung.

Etwas später gibt Jan uns ein Update. Das Boot, das den *Distress Call* ausgelöst hat, wurde von Frontex-Fliegern gesichtet. Die haben die Info wahrscheinlich auch an die sogenannte libysche Küstenwache weitergegeben, und die hat das Boot nach Libyen zurückgebracht. Ein Pushback, aber wenigstens eine Art Rettung. Dennoch steigt in mir alles andere als Freude auf beim Gedanken an die libyschen Internierungslager, in denen übelste Menschrechtsverletzungen geschehen. Was die Leute zurück in Libyen erwartet – wieder erwartet – sind Folter und Sklavenarbeit.

Die Sonne ist bereits untergegangen, und das Meer plätschert ganz ruhig vor sich hin. Urlaubsidyll. In Wahrheit ein Unterwasserfriedhof.

Heute Nacht oder morgen früh kann es passieren. Wir alle wurden aufgefordert, früh ins Bett zu gehen und noch einmal viel zu schlafen. Wenn ich denn überhaupt schlafen kann.

Tag 11
Mahmoud und Mahmoud

14. Mai

Wir befinden uns mitten in der libyschen SAR-Zone. Am Horizont reihen sich die Gasfackeln der Ölbohrinseln aneinander, das muss in der Nacht spektakulär aussehen. Tiefes Schwarz und dann diese Feuerbälle.

In der SAR-Zone, ja, aber nicht in Hoheitsgewässern. Sogar die Übergangszone, 12 bis 24 Seemeilen vor der libyschen Küste, meiden wir. Wir kreuzen lediglich in internationalen Gewässern, ganz legal, denn wir wollen keinen unnötigen Ärger provozieren. Wir wollen nur Menschen retten.

Von jetzt an kann es jederzeit so weit sein. Die SAR-Watch muss besonders aufpassen: Jeweils zwei Crewmitglieder halten auf dem obersten Deck, dem *Monkey Deck* auf dem Dach der Brücke, mit Ferngläsern Ausschau nach Booten in Seenot. Die tauchen nämlich nicht alle auf dem Radar auf, denn an Holz- oder Schlauchbooten ist ja kein Metall dran, abgesehen vom Motor, doch der sitzt sehr weit unten. Da braucht man zusätzliche Augenpaare. Wechsel alle zwei Stunden, sonst verbrennt man dort oben in der Sonne.

Die, die sich nicht ausreichend geschützt haben, erkennt man sofort. Marlenes Gesicht und ihre Schultern sind knallrot.

»Nicht aufgepasst. Also auf mich«, lächelt sie tapfer.

Der Seegang ist immer noch ruhig, das Meer wirkt friedlich und einladend. Ich lasse meinen Blick schweifen. Plötzlich schwimmt eine Rettungsweste vorbei. Einfach so. Ich halte den Atem an. Das hier ist wirklich ein riesiger Friedhof.

Beim *Morning Briefing* wird uns mitgeteilt, dass wir viel zu viel Wasser verbrauchen: statt circa 4 um die 15 Kubikmeter pro Tag. Ginge das so weiter, hätten wir in zehn Tagen kein Wasser mehr. Nun sollen wir nur noch eine Minute duschen, nicht länger. Und wir müssen die Dusche zum Einseifen ausmachen.

»Echte Seeleute brauchen niemals länger als eine Minute«, mahnt Josh. Wenn sich das mit dem Wasserverbrauch nicht bessere, werde er uns den Hahn zudrehen, und dann gebe es feste Toiletten- und Duschzeiten. Nur in diesen Zeiten könne dann Wasser genutzt werden. Feste Toilettenzeiten klingt richtig übel. Dann lieber nur sekundenweise duschen.

Vor dem Frühstück haben wir einen *Distress Call* erhalten. 50 bis 100 Personen sollen sich in einem Holzboot befinden. Der Motor funktioniert nicht mehr. Sie driften und haben ein Notsignal abgegeben. Wir sind zwar einige Seemeilen entfernt, aber die *Sea-Eye 4* fährt mit voller Power. Fast zehn Knoten, das heißt zehn Seemeilen in der Stunde. Wenn es klappt, erreichen wir die Menschen zwischen 9 und 10 Uhr. Auch aus der Luft soll Unterstützung kommen von der NGO Pilotes Volontaires, sie schicken ihr Flugzeug – den Colibri – zum Auskundschaften, damit wir die wichtigsten Informationen schon vor unserer Ankunft bekommen: Wie viele Menschen? Wo genau? Ist jemand im Wasser?

Die Sirene unseres Schiffs heult. Ein langer, durchgehender Ton. Wir treffen uns alle im *Mess Room*. Anspannung liegt in der Luft. Die RHIBs sollen fahren. Auch wenn noch unklar ist, ob die »Pflaster« halten. Kurze Ansprache vom *Head of Mission:* »Today, we have a lot of work to do.«

Dann müssen sich alle umziehen und auf ihren Positionen einfinden. Roter *Medical*-Anzug, Stahlkappenschuhe, Funkgerät, Helm, Brille, Fieberthermometer, Pulsoxy, Klemmbrett und Stifte. Ich bin bereit. So stehe ich an Deck vor der Krankenstation. Ich sehe ein Flugzeug. Der Colibri?

»Das ist Frontex«, sagt Guillaume. »Die Flugzeuge sehen sich sehr ähnlich.«

Frontex, die EU-Grenzschutzagentur. Immer wieder heißt es, dass Frontex mit der libyschen »Küstenwache« zusammenarbeite und bei Pushbacks helfe. Was die Menschen dann in Libyen erwartet, weiß auch die EU. Frontex streitet aber alles ab und betont, dass es keine Zusammenarbeit gebe. In der Regel starten ihre Flieger täglich, und wenn die Frontex-Leute Menschen auf der Flucht sehen, melden sie die Koordinaten den jeweiligen Rettungsleitstellen der Länder in direkter Nähe. Die libysche »Küstenwache« bekommt die Daten also auch, macht sich auf den Weg und schnappt sich die Menschen. Eine indirekte Zusammenarbeit also. Ein perfides, effektives System.

Je schneller die »Küstenwache« reagiert, desto weniger Chancen haben wir. Gleichzeitig ist diese Art von Zusammenarbeit zwischen Frontex und Libyen völkerrechtswidrig, da Libyen auch von den Vereinten Nationen nicht als sicher betrachtet wird und niemand gezwungen werden darf, dahin zurückzukehren. Und sie macht die Flucht noch gefährlicher. Da die Menschen große Angst davor haben, von der »Küsten-

Die legendäre *Mo'Chara,* ihre Crew und unser *Head of Mission* [17]

wache« aufgegriffen zu werden, rufen sie in Seenot manchmal gar keine Hilfe mehr, falls sie überhaupt ein Satellitentelefon an Bord haben.

Eines ist diesmal schnell klar: Die Frontex-Mitarbeiter binden die *Sea-Eye 4* nicht in den Seenotfall ein, obwohl sie uns genauso gesehen haben wie wir ihr Flugzeug. Sie wissen, dass wir in direkter Nähe sind und helfen können und wollen. Doch sie haben offenbar andere Interessen.

Etwa 40 Seemeilen vor der tunesischen Insel Djerba nähern wir uns dem Zielobjekt. Der Colibri hat gemeldet, dass das Boot leer zu sein scheint. Ich kann es ohne Fernglas am Horizont erkennen. *Mo'Chara* wird zu Wasser gelassen, und die RHIB-Crew rast los. Die Unsicherheit, ob nun keine Luft mehr entweicht, fährt mit. Ich verfolge die vier – *Leader, Communi-*

cator und *Driver* des RHIBs sowie unseren *Head of Mission* –
mit meinen Augen und dem Funkgerät. Als sie ankommen und
Sophie auf das Holzboot springt, ist die Enttäuschung groß.
Kein Mensch mehr da, nur ein paar Kleidungsstücke, Reifen-
schläuche und Wasserflaschen. Der Motor wurde abmontiert.
Außerdem ist der Bauch des Boots schon fast mit Wasser voll-
gelaufen.

Vor mir treibt ein schwarzer Benzinkanister vorbei. Und
wieder eine Schwimmweste. Wir sind zu spät. Das sieht alles
nach der libyschen » Küstenwache « aus, die war schneller als
wir. Es ist ein Katz-und-Maus-Spiel. Unfairerweise bekommt
die » Küstenwache « mehr Hilfe aus der Luft, Frontex ist deutlich besser aufgestellt als die Pilotes Volontaires, die EU-Flug-
zeuge haben außerdem bessere Kameras und Radarsysteme.

Ich bin frustriert. Und traurig. Die Menschen tun mir leid.
Niemand sollte in einem libyschen Lager, besser: Gefängnis,
landen. Bilder und Erzählungen, die gesammelt wurden, zeigen dort furchtbare Zustände.

Nach dem Einsatz ist die Stimmung beim Mittagsessen
bedrückt. Es gibt kalte Wraps. Laura und Tine haben das Essen
bereits nach dem Frühstück vorbereitet, vorsorglich, denn
auch die Köchinnen nehmen bei Rettungsaktionen wichtige
Positionen ein: bei der Registrierung und beim Sicherheitscheck.

Ich habe schlechte Laune und gehe raus aufs Deck. Im Wasser taucht eine Flosse auf. Und noch eine. Delfine verfolgen
unser Schiff! Vielleicht wollen sie spielen, vielleicht wollen sie
uns einfach nur Mut machen.

Gebt nicht auf, schnattert einer.

Du hast gut reden, antworte ich. Zivile Seenotrettung ist
echt schwierig. Aber natürlich geben wir nicht auf.

Alarm Phone bestätigt unseren Verdacht: Bereits am Morgen um 6.50 Uhr sei die libysche » Küstenwache « bei dem

Ein Motivationsdelfin schwimmt mit der *Sea-Eye 4* um die Wette. [18]

Holzboot eingetroffen, twittert die NGO. Die Insassen seien nach Libyen zurückgebracht worden, aus internationalen Gewässern. Wir waren viel zu spät am Einsatzort.

Neuer Alarm. Die Sirene heult. Schnell in die Sicherheitsschuhe und den roten Medizin-Overall. Helm auf und Rettungsweste um. Pilotes Volontaires hat wieder etwas gemeldet.

Ein kleines weißes Holzboot steuert langsam auf die *Sea-Eye 4* zu, ein Freizeitbötchen, das eher auf den Bodensee als aufs zentrale Mittelmeer gehört, es fehlen nur die Ruder. Zwei Personen sind an Bord. Aus Libyen – so die Meldung aus dem SOS-Ruf, den die beiden abgesetzt haben. Wir winken den Männern zu und deuten ihnen an, Abstand zu halten.

Mo'Chara kommt zum Einsatz. Die Crew umkreist das Boot und fragt, was die beiden vorhaben. Sie berichten, dass sie aus Libyen stammten und nun von dort vor dem Bürgerkrieg geflohen seien. Einer erzählt, dass er angeschossen worden sei. Sie wollen nach Malta oder Italien.

Uns allen ist klar, dass sie das mit dem winzigen Motor nicht schaffen werden. Die Distanz ist viel zu groß. Es wäre unverantwortlich, sie einfach weiterfahren zu lassen.

Der *Head of Mission* diskutiert mit dem Ersten Offizier und dem Kapitän. Sie zurück nach Libyen zu begleiten ist keine Option. Das Land ist kein sicherer Hafen. Auch nach Malta können wir sie schlecht bringen, dann würden wir die libysche SAR-Zone wieder verlassen müssen, wo wir so dringend gebraucht werden – gerade eben kam die Nachricht rein, dass die »Küstenwache« wieder ein Schlauchboot mit circa 150 Menschen an Bord zurückgepusht hat. Wir dürfen den Milizen nicht das Feld überlassen.

Die beiden Libyer werden aufgeklärt, dass sie die nächsten Wochen auf unserem Schiff verbringen müssen, wenn sie an Bord steigen, eventuell mit mehreren Hundert anderen Gästen. Sie wollen trotzdem unbedingt mit uns mitfahren.

»Das könnte zu Spannungen führen«, gibt Stefan zu bedenken. Denn wenn andere Gäste, die in Libyen Schreckliches erlebt haben, gefoltert oder versklavt wurden, auf Libyer treffen, könnte es Ärger geben. Den nehmen wir in Kauf.

Als die beiden an Deck kommen, geht unsere eingeübte Prozedur los. Erst die Registrierung, dann der Securitycheck, dann die medizinische Untersuchung. Es wirkt absurd, denn das Vorgehen ist auf Hunderte Menschen ausgerichtet, und jetzt sind da nur zwei eingeschüchterte Libyer, die diese Struktur durchlaufen. Es fühlt sich an wie ein Test. Aber das hier ist schon der Ernstfall, das ist unsere erste Rettung. Endlich. Endlich geht es los.

Beim medizinischen Check messen Marlene und ich die Sauerstoffsättigung plus Puls und auch den Blutdruck, da einer der beiden sich ein bisschen »dizzy« fühlt. Danach kommt der Coronatest. Negativ. Der eine Gast – beide heißen Mahmoud – erzählt mir, dass er seit Monaten keinen Geschmackssinn mehr hat. Das deutet darauf hin, dass er Covid schon hinter sich hat. Außerdem zeigt er uns sein Bein, eine Narbe deutet auf eine Schusswunde hin. Mahmoud bestätigt, dass auf ihn geschossen wurde. In seinem Land herrsche Bürgerkrieg und Chaos. Willkürliche Gewalt sei an der Tagesordnung.

Die Männer sind total übermüdet – ansonsten sind sie körperlich fit und haben gute Werte. Nun ist ihnen der Luxus vergönnt, in einen der Container, ausgestattet für mehr als 20 Personen, zu zweit einzuziehen.

Unsere Crew ist euphorisiert. Es war die richtige Entscheidung. Menschen, die aus Kriegsgebieten fliehen, muss geholfen werden. Und wenn selbst Libyer ihrem Land unbedingt entkommen wollen, wie muss es dann erst den Menschen in den Lagern gehen? Wir sind jetzt jedenfalls für die beiden da – und haben das Schiff nicht mehr für uns.

»I want to come to Germany. There is no war in Germany«, erzählt mir Mahmoud. Ich muss schlucken, denn was kann ich ihm darauf antworten? Dass alles viel komplizierter wird, als er sich das vorstellt, und dass er Deutschland wahrscheinlich, wenn überhaupt, nur mit großen Schwierigkeiten erreichen wird, weil die EU und ihre Innenminister sich mit aller Macht dagegenstemmen? Ich möchte ihm seinen Traum nicht rauben, nicht nach dem lebensgefährlichen Trip, den er hinter sich hat. Er strahlt mich gerade so an. Er soll hier an Deck eine unbeschwertere Zeit haben. Also nicke ich nur verstohlen und antworte mit schlechtem Gewissen:

»That is a good idea.«

»Germany is a fine country. Food is good, and I like Angela Merkel. Good people there in Germany«, schwärmt Mahmoud. »And of course«, fügt er hinzu, »you have so many good soccer players.«

»I'm not sure«, antworte ich, »I think the women actually play better soccer than the men in Germany.«

Mahmoud schaut mich verwundert an. Sehr gut Fußball spielende Frauen, besser als die Männer.

»That is amazing!«, freut er sich. »Women are really stronger than men. My mother was the strongest one in the family.« Für meine Mutter kann ich das auch bestätigen.

Nach einer Pause sagt er: »I will visit you.«

Ich schlucke wieder. Mich wundert am meisten, wie schnell Mahmoud Vertrauen gefasst hat und plötzlich ganz gelöst wirkt. Eben saß er noch verängstigt in unserem RHIB, jetzt scheint er hier angekommen zu sein, nicht nur körperlich.

Von nun an gibt es *Deck Watches* – rund um die Uhr. Gleich bin ich mit der Wache dran und muss die beiden dann vermutlich schlafenden Libyer im Blick behalten. Die Gäste sollen die für sie bestimmten Bereiche nicht verlassen. Und falls sich der medizinische Zustand von einem der beiden doch noch verschlechtert, muss jemand da sein, der schnell Alarm schlagen kann. Das wird gleich mein Job sein. *Nightwatch again.*

Vorher stürzen wir uns alle auf das späte Abendessen. Die Gnocchi mit Käsesahnesoße sind mal wieder das Leckerste, das ich je gegessen habe. Ich hoffe, den beiden Mahmouds schmeckt es auch. Ein Tag mit gemischten Gefühlen geht zu Ende. Jederzeit kann ein neuer Alarm losgehen. Ich rechne fest damit, dass in dieser Nacht noch etwas passiert.

»In Libya you don't really sleep. You have to sleep with one eye open. It is so dangerous«, hat mir der andere Mahmoud eben noch erzählt. Jetzt schlafen sie, beide Augen geschlossen, endlich in Sicherheit, im Container. In meinem Container. Der Schlund wurde mit Leben gefüllt. Der Container pulsiert. Er trägt zwei schlagende Herzen in sich. Und erscheint mir deutlich weniger furchteinflößend als zuvor. Statt Gefahr strahlt das Monster nun Schutz aus. Seine Stahlhaut wehrt Wasser, Kälte und Wind ab. Und lässt die Männer zur Ruhe kommen.

Ich trete von einem Bein aufs andere, hocke mich hin, stehe wieder auf. Bis 2 Uhr nachts muss ich durchhalten. Die Containertür steht offen, aus Sicherheitsgründen. Der Innenraum ist erleuchtet, seit der Container bezogen ist, ebenfalls aus Sicherheitsgründen. Zwar kann man das Licht ausknipsen, aber dann wechselt es nur die Farbe, von Weiß zu Rot. Wobei eher ein Hellrosa dabei herauskommt, nicht die besten Einschlafbedingungen. Aber die Gäste sind so k. o., dass sie während meiner Schicht nicht mehr aufwachen.

Ich empfinde es als etwas ungehörig, sie immer wieder zu beobachten wie ein Gefängniswärter. Muss das wirklich sein? Mit 15 war ich mal auf einem Schüleraustausch in Frankreich. Als wir in Toulouse ankamen, gab es eine kleine Komplikation: Meine Gastfamilie war kurzfristig abgesprungen. Und so musste ich in der Schule übernachten, die auch ein Internat war. Zwar schliefen viele französische Schüler zu Hause. Die anderen aber kamen in einem großen Schlafsaal unter, auf Matratzen auf dem Boden. Und genau dort musste auch ich meine Nächte verbringen. Ich fühlte mich hundeelend, alleingelassen, einsam. Das Furchtbarste war allerdings die ältere Nonne, die ständig durch die Gänge schlich und jeden, der noch die Augen aufhatte, ermahnte, jetzt endlich einzuschlafen. Vor dieser Frau habe ich mich derart gefürchtet, dass ich mich nicht traute, aufs Klo zu gehen, obwohl ich dringend musste. Und so konnte ich nicht einschlafen, habe aber so getan, damit ich nicht ermahnt wurde. Diese nachtaktive Nonne hat mir den ganzen Trip versaut. Deshalb habe ich vermutlich auch mein komplettes Französisch verlernt. Ich hoffe doch sehr, dass ich in den beiden Libyern nicht die gleichen Gefühle wecke.

Der Wind frischt auf, auch der Seegang nimmt zu. Das Meer wirkt im Dunkeln unheimlich und gefährlich. Ein furchteinflößendes tiefes schwarzes Etwas. Ich mag mir kaum vorstellen, nachts auf dem Meer in einem kleinen Boot unterwegs zu sein. Alles ist dunkel, und zusätzlich bewegt sich diese glucksende Materie unter einem. Was müssen die Menschen für Ängste durchleben. An die Kinder will ich gar nicht erst denken. Die See ist kein sicherer Ort für Kinder. Niemand würde sein Kind dieser Gefahr aussetzen, wenn die Situation an Land nicht noch schlimmer wäre.

Ich habe heute auf Guillaumes Laptop aktuelle Bilder von toten Babys gesehen, die nach einer misslungenen Flucht an den libyschen Strand gespült wurden. Ich konnte sie nur schwer ertragen, aber die Welt muss diese Bilder sehen. Wir alle müssen dieses Unrecht sehen. Es ist echt, es passiert, immer wieder. Ich hoffe sehr, dass sich diese Nacht niemand auf den Weg macht. Wenn die Wellen noch weiter zunehmen, wäre das absolut lebensgefährlich. Wahrscheinlich schaffen die Boote es gar nicht erst weg von der Küste und werden immer wieder zurückgedrückt.

Ich bekomme mehr und mehr Respekt vor den Menschen, die sich für diese viel zu oft tödlich ausgehende Flucht entscheiden. Ich würde mich das nicht trauen. Diese Menschen sind wirklich mutig, nicht ich. Mir soll keiner mehr sagen, dass ich für meine Entscheidung, hier als Seenotretter dabei zu sein, Anerkennung verdiene. Bitte schaut auf die Menschen, die wirklich in Not sind. Denen gebührt der Respekt. Die haben es verdient, dass man ihnen hilft und nicht wegschaut. Wie verzweifelt muss jemand sein, dass er sich mit einem kleinen Schlauchboot in die Fänge dieser flüssigen, finsteren Kreatur begibt?

Tag 12
Abwarten und Kartoffeln schälen

15. Mai

Das Wetter ist tatsächlich umgeschwungen, der Wind peitscht, Wellen türmen sich auf, das Meer scheint zu brodeln. Mein Magen ist gleichsam in Aufruhr, behält seinen Inhalt aber bei sich.

Spätestens jetzt dämmert jedem, dass wir die goldrichtige Entscheidung trafen, als wir die Libyer an Bord nahmen. Sie hätten es auf gar keinen Fall nach Malta oder Italien geschafft, spätestens in der Nacht wären sie mit ihrer Nussschale gekentert.

Meine Tagesaufgabe heißt heute Kartoffeln schälen. Seefahrerklischee. Und zwar draußen auf dem Deck und nicht in der Küche, sonst ist es nur noch eine Frage von Minuten, bis ich wieder einen Brechbeutel fülle.

Die Kartoffeln sind schon schrumpelig, ein Zeichen dafür, dass wir nicht ewig unterwegs sein können. Ich schäle jede

Knolle ganz gewissenhaft, als wäre das Schicksal dieser Crew mit meinem Sparschäler verbunden. Das schabende Geräusch und die Schlichtheit der Aufgabe beruhigen mich. Nicht nachdenken. Immer weiter schälen. Solange der Alarm nicht losgeht. Bitte nicht.

Die Fotografin Nina gesellt sich zu mir. Sie sieht angeschlagen aus. Sie fühlt sich schlapp und hustet. Das klingt nicht gut, die müssen wir Medics im Auge behalten.

Kein Notfall weit und breit. Kein Wunder, der Seegang bleibt heftig. Stattdessen trainieren wir wieder, diesmal ein Person-über-Bord-Manöver. Jan springt ins Wasser. Er wird von der RHIB-Crew herausgezogen und an Deck gebracht. Leider hat unser *Medic-Team* den Funkspruch nicht erhalten, und so sind wir völlig überrascht, als der *Head of Mission* plötzlich vor uns auf dem grünen Decksboden liegt und jemanden mimt, der unter akuter Unterkühlung leidet. Was nun? Wir brauchen die Schaufeltrage und diskutieren, ob ein Stiffneck nötig ist. Alles auf Englisch und viel zu langsam. Die beiden Mahmouds beobachten uns interessiert.

Als wir Jan schließlich auf die Krankenstation bugsiert haben, ist unklar, was als Nächstes passieren soll. Ich bestehe darauf, dass der Patient erst mal Sauerstoff bei maximalem Flow bekommt. Stefan ist von meinem Vorpreschen irritiert. Er will die Handtücher unseres *Hospital* in heißes Wasser tauchen, um damit unseren Patienten zu wärmen. Allerdings ist das Leitungswasser nur lauwarm. Warum ist uns das nicht früher aufgefallen? Vieles – besonders unsere Kommunikation – wirkt nach wie vor unkoordiniert. Es fehlt Ruhe und Gelassenheit.

»Wer von euch hatte eigentlich das Kommando?«, fragt Jan nach dem Training. Damit legt er den Finger in die Wunde.

Wir drei sind frustriert. Wir versuchen, das Beste draus zu

machen und zumindest alle Fehler offen und schonungslos anzusprechen, um daraus zu lernen.

Ich bin dennoch unzufrieden, Stefan wirkt regelrecht am Boden zerstört. Haben wir uns all die Tage doch nicht richtig vorbereitet? War alles umsonst? Sind wir überhaupt in der Lage, viele kritische Patienten zu versorgen?

Ich verziehe mich in unsere Kabine und falle aufs Bett. Ich wette, das wird ein unruhiger Schlaf. Die alten Zweifel kommen auf, ob das hier alles eine gute Idee war. Bin ich dem wirklich gewachsen? War ich viel zu blauäugig? Funktioniere ich hier unter Stress auf dem Schiff? Keine Ahnung. Ich bräuchte jetzt dringend diese Motivationsdelfine. Aber die haben sich heute nirgendwo blicken lassen.

Während die Gedanken kreisen, taucht Mahmoud vor meinem inneren Auge auf. Vorhin saß er draußen vor dem Container und sprach mich an:

»In Germany, is everybody free there?«

Ich verstehe nicht, was er meint, und gucke verwirrt.

Er setzt nach: »Is it possible to say what I want there?«

»Yes, that is called ›Meinungsfreiheit‹. You can say what you want«, bestätige ich.

Jetzt lächelt er. »And nobody goes to prison for that?«

Nein, keiner geht ins Gefängnis für das, was er sagt. »You can say what you want. Even crazy, really weird stuff«, erzähle ich und denke an Impfgegner und Verschwörungsanhänger, Reichsbürger und Faschisten.

»I like Germany«, antwortet Mahmoud strahlend.

Wenn der wüsste, wie viele Menschen in Deutschland eine Partei wählen, die den unabhängigen Journalismus mundtot machen will.

The long day

16. Mai

In der Nacht werde ich in der Koje umhergeschleudert wie nie zuvor. Knalle an die Wand und rolle dann wieder Richtung Bettkante. Ich höre es krachen auf der *Sea-Eye 4*, das Schiff arbeitet, dabei ist der Motor ausgeschaltet, sie driftet nur. Das spart Treibstoff. Wir sind ja sowieso an der Stelle, wo wir hinwollten.

Es ist 7.10 Uhr. Mit hohem Tempo rast ein Schiff der »Küstenwache« auf die *Sea-Eye 4* zu. Die Libyer melden sich über Funk.

»Are you rescuing migrants?«, fragen sie.

Die Antwort unseres Ersten Offiziers lautet: »We are a cargo vessel under the german flag. We are patrolling.«

»You have to change your course to north«, befehlen die Libyer.

»No, we are in international waters. We will not disturb you, but we will not change our course«, betont Josh.

Beim Frühstück erzählt er uns von seinem freundlichen »Fuck you« an die sogenannte »Küstenwache«. Wir lassen uns nicht einschüchtern. Jedenfalls tun wir so. Ganz ungefährlich war die Begegnung nicht. Ich kann mir vorstellen, dass die Libyer sich ungern von uns verarschen lassen. Die wissen genau, weswegen wir hier sind. Und im Gegensatz zu uns haben die Waffen. Wenn sie wollten, könnten sie auf das Schiff kommen.

»Jedes Szenario ist möglich. Im besten Fall trinken die nur unseren Tee leer und verschwinden wieder«, sagt Jan.

Es geht aber auch anders. Dass ein Schiff durchsucht und alle persönlichen elektronischen Geräte eingesackt wurden, ist schon vorgekommen. Dass die »Grenzschützer« in die Luft geschossen haben auch. Oder ins Wasser. Das hat Josh auf der *Alan Kurdi* erlebt. Und dabei muss es ja nicht bleiben. Die Gefahr war real. Doch sie ist vorbeigezogen.

Möglicherweise wollte uns die »Küstenwache« nur ein bisschen Angst einjagen. Dass sie hier patrouilliert, könnte aber auch ein Zeichen dafür sein, dass sich in der Gegend tatsächlich Menschen auf den Weg gemacht haben. Vielleicht wissen sie mehr als wir.

Wir hängen uns hinter ihr Schiff, auch wenn es schneller ist als unseres. Wir schaffen, wenn alles gut läuft, vielleicht neun bis elf Knoten, die »Küstenwache« locker das Doppelte. Dafür kann ihr kleines Schiff nicht allzu viele Menschen nach Libyen zurückbringen, das wäre im Fall eines Einsatzes unsere Chance, ein paar Menschen zu helfen.

Wären die Libyer schlau, würden sie uns immer mit zwei Schiffen in größerem Abstand umkreisen, und falls ein Boot mit Menschen auf der Flucht auftauchte, wären sie immer zuerst da. Dann hätten die NGOs gar keine Chance mehr zu retten. Andererseits dürften wir die Mühe wohl gar nicht wert sein, sind wir doch derzeit weit und breit das einzige operierende private Rettungsschiff, alle anderen sind festgesetzt, inaktiv oder nicht vor Ort.

Ich lehne an der Reling und kämpfe mit tiefen Atemzügen gegen meine innere Nervosität an. Das Meer hat sich endlich beruhigt, ich mich nicht. Da klappt die Containertür auf und Mahmoud grüßt.

»Are we landing in Germany today?«, fragt er mich mit einem Grinsen.

»Yes, in two hours«, sage ich und hoffe, dass er meinen Witz versteht. Nur zwei Stunden bis zur deutschen Küste, das wäre was.

Mit der Zahnbürste in der Hand geht er zum Waschbecken. Bleibt es heute bei diesen zwei Geretteten? Oder werden es mehr?

Alarm. 15 Minuten vor dem Mittagessen. Es passiert wirklich. Zwei Holzboote wurden gleichzeitig vom *Monkey Deck* aus gesichtet. Die »Küstenwache« sei auch schon unterwegs, meldet die Brücke. Wir müssen schneller sein.

Aufgeregt versammeln wir uns im *Mess Room*. All das Training, all die harten Tage – jetzt können wir zeigen, was wir gelernt haben.

Es geht um mehr als 150 Menschen in Seenot. Der Motor des einen Boots ist wohl komplett ausgefallen. Es eilt. Diese Holzboote sind so gebaut, dass sie aus zwei Ebenen bestehen. Oben sitzen die Passagiere auf einer Fläche, durch eine Öffnung gelangen sie nach unten, in den Bootsbauch, wo sie ein paar Sachen verstauen und versuchen können zu schlafen – oder sich zu verstecken. Das Problem mit diesen Holzbooten ist: Sie sind meist von so schlechter Qualität, dass nach wenigen Stunden Wasser eindringt. Wenn man Glück hat, gehen sie erst nach ein paar Tagen unter.

In voller Montur stehe ich draußen und sehe zu, wie die RHIBs zu beiden Seiten des Schiffs von kleinen Kränen zu Wasser gelassen werden. Sie mussten erneut notdürftig geflickt werden, die alten »Pflaster« waren nicht gut genug. Hoffentlich halten sie jetzt.

Meine Rolle ist, wie eingeübt, ganz vorne zu stehen und sofort per Triage zu checken, wer kritisch ist und wer nicht. Falls es Verletzte geben sollte, müssen die schnell auf die Station. Stefan hält sich eher hinten bereit. Marlene steht mit mir vorne. Wir beobachten, wie die RHIBs losfahren und sich gemeinsam zum näher gelegenen Boot aufmachen. Es ist als dunkler Fleck am Horizont zu erkennen. Der Moment zieht sich, der Weg der Rettungsboote ist lang – zu lang. Ungeduldig klicke ich meine Rettungsweste auf und zu.

Plötzlich taucht backbord ein Speedboat auf. Es rast erst in unsere Richtung und dann direkt auf das Boot in Seenot zu. Unsere Freunde von der »Küstenwache«. In die *Sea-Eye 4* kommt Bewegung, wir werden schneller. Der Plan scheint zu sein, dem Speedboat den Weg abzuschneiden, sich quasi breitbeinig dazwischenzustellen. Hier kommt ihr nicht durch.

»This is like being in an action movie«, sagt Nina neben mir. Sie klingt gar nicht mehr verschnupft, spontan geheilt dank Adrenalin. Ich gebe ihr recht, mir fehlt allerdings *The Rock* an unserer Seite. Die vorderste Front bilden nur wir, Eddie, Urtzi, Marlene und ich. Wer diesen überwiegend muskellosen Haufen für einen Actionfilm gecastet hat, sollte gefeuert werden.

Währenddessen hat *Mo'Chara* das völlig überfüllte erste Holzboot erreicht, hören wir über Funk. Es ist bereits viel Wasser eingedrungen. Nun werden die Rettungswesten verteilt. *Maria,* das zweite RHIB, ist auch fast da. Nach und nach sollen die Gäste geshuttelt werden und zu uns an Bord kommen.

Was macht die libysche »Küstenwache«? Sie dreht ab vom Konfrontationskurs und entfernt sich. Wir schenken ihr keine Beachtung mehr, denn *Mo'Chara* kommt näher. Ich erkenne sie erst nur schemenhaft, dann werden Flecken zu Menschen. Urtzi, Marlene und ich winken, einige winken zurück. Nun kann ich Gesichter ausmachen. Große Augen starren mich an, die meisten glücklich, andere ängstlich. Junge Männer.

Eddie und Urtzi ziehen den Ersten von ihnen hoch, die Crew von *Mo'Chara* drückt von unten. Dann steht die Zeit still. Einer nach dem anderen kommt mir entgegen, Glück in den tiefgeränderten Augen, ungläubig, als könnten sie es kaum fassen, Tränen auf den Wangen, manche schreien ihre Freude in den Himmel, einer geht auf die Knie. Ich ziehe ihnen die Rettungswesten aus und spüre Gänsehaut am ganzen Körper. Jetzt fühle ich den Sinn. Hier zu sein. Den Menschen zu helfen.

Nicht alle sind euphorisch. Einige wirken verunsichert, als hätten sie diesen Moment noch nicht erfasst. Andere sind starr, vielleicht fühlen sie gar nichts mehr, weil ihnen schon zu viel angetan wurde. Aber die meisten strahlen, und das ist so ansteckend.

Nun beginnt die eingeübte Prozedur. Die Gäste müssen sich hinsetzen, dann werden sie registriert, dann kommt der Sicherheitscheck und dann die medizinische Untersuchung. Den ersten zwölf scheint es so weit gut zu gehen. Kein medizinischer Notfall für uns. Kurzes Durchatmen.

Manche Gäste sind so geplättet, dass sie bei der Registrierung nicht einmal sagen können, in welchem Land sie geboren sind. Sie haben es einfach vergessen. Sie können nicht nachdenken. Was für ein Symbol. Herkunft löst sich auf. Es ist völlig egal, woher sie stammen. Hauptsache, sie sind in Sicherheit.

Dann kommt *Mo'Chara* ein zweites Mal, und ein völlig entkräfteter Gast fällt zu Boden, direkt vor Marlenes und meine

Füße. Jetzt werde ich zum ersten Mal ernsthaft gebraucht. Ich gehe auf die Knie und checke seine Atmung. Der Brustkorb hebt und senkt sich. Noch. Er hat auf jeden Fall das Bewusstsein verloren. Ein kritischer Patient. Wir müssen schnell handeln.

»The rescue blanket, we need the rescue blanket!«, brülle ich. Ich hoffe inständig, alle erinnern sich noch aus dem Training, dass jetzt das Tragetuch gemeint ist und keine goldglänzende Rettungsdecke. Sekunden später hat Marlene das Tuch in der Hand. Wir platzieren es zügig unter dem Patienten. Ich gehe an den Kopf. »One, two, three« – Urtzi, Eddie, Marlene und ich heben den bewusstlosen Gast an und tragen ihn Richtung Krankenstation.

Dort legen wir ihn waagerecht auf die große Liege. Stefan schneidet die feuchte Kleidung auf. Die muss weg, große Gefahr der Hypothermie, also Unterkühlung. Ich checke rasch noch einmal den Mundraum. Keine Flüssigkeit. Dann setzt Marlene dem Mann eine Sauerstoffmaske auf. 15 Liter. *Full Flow*. Ich lege die Blutdruckmanschette an und klebe die Elektroden des EKG auf seinen Körper. Unser Monitor piept rhythmisch. Stefan bereitet alles für einen venösen Zugang vor. Dieser Gast braucht dringend eine Infusion. Ich messe noch den Blutzucker. 75 mg/dl. Niedrig, aber noch akzeptabel. Blick in die Pupillen. Die freie Haut bedecken wir mit einer goldenen Rettungsdecke. Gleichzeitig wärmt Stefan Handtücher mit heißem Wasser auf, das inzwischen auch hier aus der Leitung kommt. Die Tücher legen wir in die Leiste und über den Rumpf des Mannes. Auf keinen Fall auf Arme und Beine, dann würden sich die Gefäße sehr schnell öffnen, und all das kalte Blut würde Richtung Herz strömen. Dann könnte er Kammerflimmern bekommen.

Marlene, Stefan und ich funktionieren gut. Das Training zahlt sich aus. Alle Zweifel weggewischt. Wir sind aufgeputscht und enthusiastisch. Die Geretteten haben uns angesteckt. Feuer auf dem Schiff. Positives Feuer.

Ein weiterer junger Kerl bricht zusammen. Jetzt wird es schwieriger. Denn wir müssen uns aufteilen. Dass drei Leute einen Patienten zusammen versorgen, ist ein Luxus, den wir uns nicht länger leisten können. Marlene bleibt beim ersten Patienten, Stefan und ich eilen zum nächsten.

Was müssen diese Menschen alles hinter sich haben? Hoffentlich keine »War-Zone«. Und wieder der Gedanke: Das hier ist echt. Wie oft sieht man solche Bilder in der Tagesschau? Und jetzt bin ich mittendrin. Geschichte passiert, und ich bin Teil davon. Nur ein winzig kleines Puzzlestück, aber doch ein Teil. Ich funktioniere. Mein gesamter Körper ist hochgefahren. Alle Sinne geschärft. Nichts darf mir entgehen.

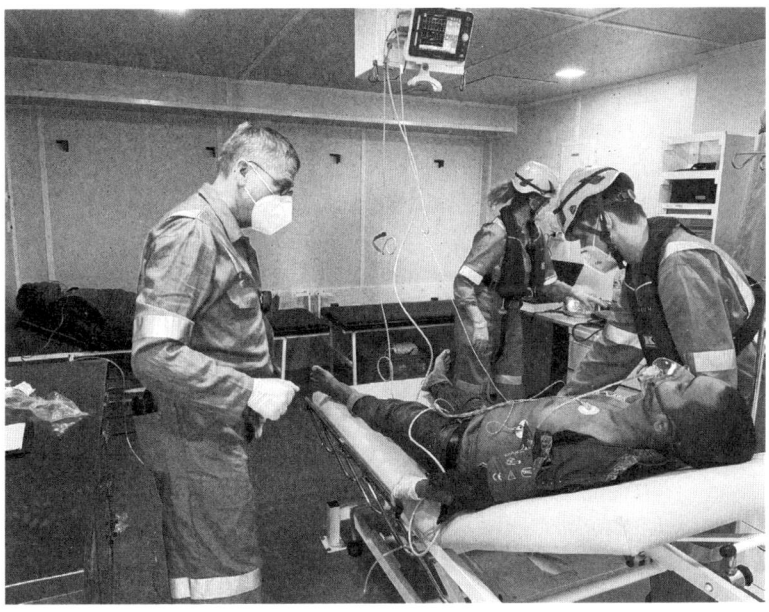

Während des ersten großen Einsatzes im *Hospital* … [19]

... und vor dem *Hospital* [20]

Wieder das Tragetuch. Wieder ein Patient, der noch atmet, aber das Bewusstsein verloren hat. Er landet auf unserer zweiten, kleineren Liege. Atmung checken. Puls, Blutdruck. EKG. Blutzucker. Unsere zweite 10-Liter-Sauerstoffflasche kommt zum Einsatz. Wieder *Full Flow*. Rettungsdecke. Das Krankenhaus arbeitet im Akkord.

Schreie vor der Tür. Mein Funkgerät schnarrt: »Medic, Medic, we need a medic outside.«

Jetzt wird es hart. Jetzt müssen wir einzeln ran. Stefan bleibt beim zweiten Patienten, und ich stürze raus. Da liegt wieder jemand auf dem Boden. Ein junger Mann. Wenn das so weitergeht, wissen wir nicht mehr, wohin mit unseren Patienten. Als ich mich hinknie und mein rechtes Ohr über seinen Mund halte, spüre ich einen Luftzug. Schwach, aber ja, da ist eine Atmung. Sehe ich auch an seinem Brustkorb. Gott sei Dank. Alle sind komplett eingebunden. Das wäre ein mieser Zeitpunkt für eine Reanimation. Tragetuch und ab auf die dritte Liege in der hinteren Ecke. Die Station ist voll.

Wir müssen jetzt wirklich zügig arbeiten. Jederzeit könnte der Nächste umkippen, jederzeit könnte mein Funkgerät wieder krächzen. Ich will den Blutzucker meines Patienten messen. Dazu steche ich mit einer kleinen Lanzette – einer kurzen Nadel – in seinen Finger, um ein paar Blutstropfen zu gewinnen. Die Lanzette gehört nun in den Spitzabwurf, ein gelbes Plastikkästchen, das sich ungünstigerweise auf der anderen Seite des Raumes befindet. Ich spare mir den Gang und lege die Nadel mit den benutzten Tupfern in eine leere Nierenschale, dort stört sie keinen, und ich entsorge sie eben später, sobald ich den Patienten zu Ende behandelt habe. Denke ich.

Als ich den Raum kurz verlasse, um ankommende Gäste zu checken, glaubt Stefan, in der Nierenschale sei normaler Müll, will ihn wegräumen, greift hinein. Und sticht sich. An der benutzten Spitze. Sein Finger blutet.

Ich komme zurück, und er flucht noch immer. Fuck, was für ein Fehler! Meine gesamte Euphorie ist dahin, geschmolzen zu einem Häuflein Elend innerhalb von Sekunden. Wenn der Gast irgendeine Krankheit hat – Hepatitis oder was auch immer –, dann könnte sich Stefan infiziert haben. Nur weil ich mich nicht an die üblichen Abläufe gehalten habe. So eine Scheiße. Ich hätte mein Vorgehen wenigstens laut kommunizieren müssen, ich hätte deutlich sagen müssen, dass da in der Schale ein spitzer Gegenstand liegt. Habe ich aber nicht. Stefan schluckt seinen Ärger runter und nimmt es letztlich doch erstaunlich gelassen.

Alle drei Patienten sind so weit stabil, wir behalten sie aber noch etwas zur Beobachtung da. Ich gehe raus und betrachte noch einmal die Gesichter unserer mittlerweile 70 Gäste. Sie sehen so unfassbar glücklich aus.

» You are safe now «, sagt Canelle und fängt an zu klatschen. Die Gäste klatschen mit. Jubel. Glückseligkeit.

Aber nur kurz. Am Horizont zeichnet sich ein größeres Schiff ab. Die libysche » Küstenwache «. Diesmal kein Speedboat, sondern ein Patrouillenboot.

» We need to be faster! «, brüllt unser Erster Offizier ins Funkgerät. Schnell jetzt. Zum zweiten Boot in Seenot ist es nicht mehr weit. *Maria* und *Mo'Chara* rasen voraus. Wir müssen unbedingt vor der » Küstenwache « da sein.

Plötzlich heißt es, mehrere Menschen seien gesprungen. » There are people in the water! «, gellt es aus dem Funkgerät. Fuck, das gerät hier jetzt vom Action- zum Horrorfilm.

Unsere RHIBs sind zwar als Erste am Einsatzort, doch das große Schiff der Libyer nähert sich bedrohlich. Das hätten die Menschen an Bord des Boots auch gesehen, erzählt Sophie hinterher, deshalb seien einige aus blanker Angst ins Wasser gesprungen, um den Schlauchbooten entgegenzuschwimmen.

Die RHIB-Crews informieren uns per Funk, dass sie jetzt Rettungswesten auswerfen. Vier Personen sind mittlerweile im Wasser. Drei erreichen die Westen. Der Vierte strampelt um sein Leben. Immer wieder taucht er unter. Die Rettungsweste ist zu weit weg, er kann offenbar nicht schwimmen. *Mo'Chara* fährt zu ihm hin, Richard – ein kräftiger Ghanaer – versucht, seinen Arm zu packen, es gelingt. Er zieht den jungen Mann hoch. Der spuckt Wasser und bricht völlig erschöpft auf dem harten Boden des RHIBs zusammen.

Richard bemüht sich, die Menge im Boot zu beruhigen. Es dürfen nicht noch mehr Leute springen. Vermutlich können einige ebenfalls nicht schwimmen. Es wäre eine Katastrophe, wenn jetzt Panik ausbricht. Die Teams von *Mo'Chara* und

»There are people in the water!« [21]

Maria wären nicht in der Lage, alle gleichzeitig rauszuziehen. Dann würde es Tote geben. Wie bei der *Open Arms.*

»We come from Germany. We are here to help you. Please stay calm«, ruft Richard und deutet mit den Armen an, dass sich alle hinsetzen sollen. Das Holzboot schwankt gefährlich.

Wie ein Raubtier lauert das Schiff der »Küstenwache« im Hintergrund. Wann greift sie ein? Greift sie überhaupt ein? Es ist durchaus schon vorgekommen, dass die »Küstenwache« versucht hat, Gäste von einem Rettungsschiff wieder herunterzuholen. Das werden wir nicht zulassen. Wenn die Menschen einmal bei uns an Bord sind, werden wir sie beschützen.

»Women and children! Mostly women and children«, scheppert es erschrocken aus meinem Funkgerät. Das wird ja immer finsterer. Es dauert ewig, bis *Mo'Chara* das erste Mal wieder bei uns auftaucht. Beladen mit Frauen und Kindern. Und den Männern, die im Wasser gelandet sind – auch der völlig durchnässte junge Mann, der beinahe ertrunken wäre.

111

» Ich sterbe lieber im Meer, als von den Libyern zurückgebracht zu werden «, erklärt er uns im Nachhinein.

Marlene bekommt ein acht Monate altes schreiendes Baby in die Arme gedrückt. An meiner Brust landet ein dreijähriges Mädchen. Sie guckt völlig perplex. Ich versuche, ihre Schwimmweste zu lösen, aber sie krallt sich an mir fest. Gänsehaut. Bin erschüttert. Was ist das für eine Welt, die Kindern so etwas antut? Die Kinder ertrinken lässt. Als wären sie nicht mehr wert als Plastikmüll. Wut wallt in mir hoch. Es ist, als würden sich alles Glück der Erde und ihre ganze Ungerechtigkeit zugleich über mich ergießen. Meine Knie werden weich, aber ich lass nicht los. Ich schaue zum Schiff der » Küstenwache «. Es hat angehalten und driftet. Seine Mannschaft sieht teilnahmslos zu. Was hält sie zurück? Ist es die deutsche Flagge an unserem Heck, so wie Eddie es vorhin vermutet hat: dass die Libyer es sich mit Deutschland nicht verscherzen wollen, ein Partner, der den Friedensprozess und die offizielle Regierung im Land unterstützt?

Ich löse mich aus meinen Gedanken. Ein acht Jahre alter Junge liegt vor uns und regt sich nicht. Ich reiche das Mädchen in die Arme der Mutter und prüfe, ob der Kleine noch atmet. Ja. Gott sei Dank. Kommt sie jetzt doch, die » War-Zone «? Zwei Frauen unten in den RHIBs versuchen mit lauten Rufen, unsere Aufmerksamkeit auf sich zu lenken. Die eine scheint hochschwanger zu sein. Mit der Schaufeltrage bringen wir den Jungen auf die Station, Stefan legt gleich zwei Zugänge, sicher ist sicher. Er braucht viel Flüssigkeit, Elektrolyte, ohne Umwege.

Die ersten Patienten mussten inzwischen das *Hospital* verlassen – so viele Notfälle in kurzer Zeit, wir brauchen jeden freien Platz, er reicht nur für die allerkritischsten. Den dreien geht es aber schon etwas besser, sie sind wach und sitzen nun an die Wand gelehnt vor dem *Hospital*.

Der acht Jahre alte Junge ist komplett dehydriert. Wahrscheinlich hat er zwei, drei Tage so gut wie nichts getrunken und saß in einer für die Boote typischen, ätzenden Mischung aus Urin, Kerosin und Meerwasser, seine ganzen Klamotten sind nass, stinkig und kalt. Er ist durchgefroren und zittert. Die Herzfrequenz ist zu niedrig. Wir bereiten heiße Handtücher vor, um seinen Körperstamm aufzuwärmen, und geben ihm Sauerstoff, denn seine Versorgung ist schlecht.

Marlene, Stefan und ich pendeln zwischen den Patienten hin und her. Die kritischen Fälle bekommen sofort eine Versorgung, die restlichen müssen warten. Die Mutter des Achtjährigen taucht auf. Sie steht neben der Liege, streichelt den Kopf ihres Sohnes und weint seinen Namen. Amidou.

Wir werden für dich da sein, egal, was passiert, sage ich Amidou stumm. Du wirst deine Mama gleich wieder die Arme schließen können.

Tröstet die Stimme in meinem Kopf ihn oder mich? Mir jedenfalls hilft sie, ich mache mir, was den Jungen betrifft, keine Sorgen mehr.

Eine Zahl geht rum: 179. So viele Menschen haben wir aus den beiden völlig seeuntauglichen Booten gerettet. 179, die möglicherweise ohne unsere Hilfe ertrunken wären. Schwangere, viele kleine Kinder.

Am Horizont steigt Rauch auf. Die libysche » Küstenwache« ist ganz nah an das Holzboot herangefahren und hat eine Kanone abgefeuert. Nur ein dumpfer Knall war zu hören, das Meer und der Wind haben den Rest verschluckt. Innerhalb weniger Sekunden brennt das leere Boot lichterloh. Die schießen wirklich, mit Kanonen. Selbst aus der Entfernung ist das zu sehen. Zu guter Letzt hat das Raubtier doch noch seine Krallen ausgefahren. Eine zynische Machtdemonstration.

Die *Sea-Eye 4* fährt weiter. Die »Küstenwache« bleibt zurück.

Die »Küstenwache« hat auf das leere Boot geschossen. [22]

Amidous Lider flattern. Er schaut in die fremden Gesichter. Dann ein Lächeln. Der Junge hat seine Mutter erkannt. Sie schluchzt vor Freude und drückt ihn fest an sich. Die Stimme in meinem Kopf hatte recht. Nun schweigt sie und genießt. Ohne unsere medizinische Hilfe hätte Amidou nicht überlebt.

Alarm. Schon wieder. Wie viel Zeit ist eigentlich vergangen? Die beiden ersten Rettungen des Tages haben unheimlich lange gedauert. Die Sonne steht tief. Noch sind gar nicht alle Gäste komplett registriert. Nun wurde ein weiteres Schiff vom Colibri gesichtet. Die *Sea-Eye 4* fährt, so schnell sie kann, auf die gemeldete Position zu. Es heißt, dass die »Küstenwache« von diesem Boot wahrscheinlich noch gar nichts weiß.

Es ist wie eine Zeitschleife, diese Szene kenne ich doch.

Marlene und ich stehen wieder an vorderster Front. Alle Patienten aus den vorherigen Rettungen sind erst mal versorgt, alle sind bei Bewusstsein. Was für eine Kraftanstrengung. Aber wir sind bereit für neue Gäste. Und als *Mo'Chara* wieder zurückkommt – die beiden RHIBs halten sich erstaunlich wacker –, bin ich geschockt. Es sitzen nur Minderjährige an Bord. Sieht aus wie eine Klassenfahrt. Die Jungs sind Ägypter, wie sich später herausstellt, alle angeblich um die 16 Jahre alt, aber sie wirken jünger. Was haben die auf so einer Todesfahrt verloren?

»Ich glaube ja, es sind die Schlauen, die flüchten«, hat Stefan neulich gesagt.

Das mag ja stimmen, aber ist es wirklich so klug, sich auf so einen Trip zu begeben? Es war Zufall, dass der Colibri sie gesichtet hat. Kinder und Jugendliche ohne ihre Eltern machen sich auf den Weg quer über das Meer – und für keinen der Jungen ist sicher, dass er lebend herauskommt. Europa, das geht auf dich.

Die Kids sind stabil, was ihre körperliche Gesundheit angeht. Aber ihre Augen sind leer. Einige wirken völlig apathisch. Traumatisiert.

Die Sonne geht unter, sie versinkt unbeachtet in den Fluten. Ich öffne die Rettungsweste eines der Jungen. Er hat kinnlange schwarze Locken. Sieht mich an wie in Trance. Er ist weggetreten. Lässt alles geschehen. Meine Hand gleitet aus Gewohnheit an seinen Puls am Handgelenk. Sein Herz pocht. Regelmäßig. Schnell genug. Willkommen. Aus welcher Stadt du auch immer kommen magst. Was auch immer du erleben musstest. Hier passen wir auf dich auf.

Alarm. Gefangen im Loop. Dunkelste Nacht. Es geht immer weiter. Es gab kein Essen. Wie denn auch? Laura und Tine sind nonstop im Einsatz. Ich habe mir trockene Toastbrote in den

Mund gestopft, aber ich bekam sie nicht runter. Mein Magen hat dichtgemacht. Zu viel Aufregung. Jetzt wird die Körperreserve angezapft.

Ein neues Holzboot wurde also gesichtet. Alarm Phone meldet, es sollen Frauen und Kinder an Bord sein. Auch die »Küstenwache« hat die Daten, wir sollten schnell sein. *Mo'Chara* und *Maria* machen sich wieder auf den Weg.

»There is water in *Maria*«, höre ich ein paar Minuten später über Funk. Nicht gut. Gar nicht gut. *Maria* verliert zu viel Luft und wird zurückgerufen. Jetzt haben wir nur noch *Mo'Chara* zum Retten.

Es ist so dunkel, die See sieht wieder gefährlich aus, verschluckt das Licht der Sterne. Das Boot in Seenot treibt irgendwo da draußen herum, schutzlos ausgeliefert. Hat keinen Motor mehr. Dann die Rückmeldung. Auch bei *Mo'Chara* tritt jetzt Wasser ein, auch sie verliert Luft. Scheiße. Sind wir jetzt schachmatt? Müssen wir alles hinschmeißen? Komm, alte Dame, meine Freundin, jetzt bist du schon so lange im Einsatz, die nächsten Stunden schaffst du auch noch.

Mo'Chara hält durch. Sie ist unser Actionheld. Sie ist Harrison Ford als Indiana Jones – blutet aus sämtlichen Löchern und steht trotzdem wieder auf. Unser Road Runner. Eine *Mo'Chara* kann niemand kleinkriegen. Sie kommt beladen mit Menschen zurück.

Ein nasses, völlig unterkühltes zwölfjähriges Mädchen läuft in meine Arme.

»Please, help my sister, it is so cold«, schreit ihre große Schwester, die noch unten im RHIB sitzt.

Einen Moment bin ich wieder wie gelähmt. Das sind Bilder, die ich wohl nie wieder loswerde, unlöschbar. Ich schüttle mich, hebe das Mädchen hoch und renne zur Krankenstation, damit wir die Kleine aufwärmen können. Niedrige Herzfrequenz. Wir befreien sie von ihren nassen Klamotten und breiten eine Rettungsdecke aus. Die Herzfrequenz steigt. Ja.

Was ist mit deiner Mutter und deinem Vater passiert? Warum sind die nicht bei dir? Warum begibst du dich mit zwölf Jahren auf solch einen furchtbaren Trip in die Hölle? Erklär es mir. Ich kann das alles nicht verstehen.

Eine Schwangere im achten Monat kommt an Bord. Auch sie ist durchnässt und kalt. Ist sie etwa im Wasser gelandet? Sie klagt über Schmerzen im Unterleib. Stefan packt sein Ultraschallgerät aus. Eigentlich ist das *Hospital* doch sehr gut ausgerüstet. Stefan nickt zufrieden. Alles gut so weit.

Weitere Bilder, die sich einbrennen: Narben. Auf Rücken, auf Brustkörben. Auf Armen, auf Beinen. Während wir eine Rettungsdecke nach der anderen unter die feuchten Shirts der Menschen ziehen – Silberseite zum Körper –, erzählt mir ihre Haut Geschichten von Gewalt, Krieg und Folter.

Ich kann nicht mehr denken. Gesichter und Fälle rasen an mir vorbei, Eindrücke verschwimmen. Ich fühle mich heillos überfordert, schaffe es aber irgendwie, ruhig zu bleiben. Rettungsdiensterfahrung. Funktionieren.

Wie viel Uhr mag es sein? Mitternacht? 2 Uhr nachts? Eines ist jedenfalls klar. Ich habe den ganzen Tag nichts Richtiges gegessen. Nur ein bisschen getrunken. Jetzt wäre mein *Food Drink* perfekt. Egal, ich schiebe den Gedanken beiseite. Mein Magen krampft. Schon seit dem ersten Alarm immer wieder. Der Körper ist bis zum Anschlag hochgefahren. Das geht nicht mehr lange gut.

An die Gäste verteilen wir *Ration Bars*. Kleine Riegel, die

Ein Kind auf meinem Arm während des nächtlichen Rettungseinsatzes [23]

nach trockenem Keksteig schmecken und sehr fetthaltig sind, um den schlimmsten Hunger schnell zu stillen. Dazu gibt es Tee. Bei der Küche hatten wir für das *Hospital* Tee mit etwas Salz bestellt, um entkräftete und unterkühlte Patienten aufzuwärmen und mit Elektrolyten zu versorgen. Wir bekamen solche Mengen, dass wir den Tee nun an alle verteilen.

Doch was für eine Reaktion! Die Gäste nehmen den Becher hocherfreut entgegen, setzen an zum kräftigen Schluck und – verziehen entsetzt das Gesicht. Danke – aber nein, danke, sagt ihr Blick, als sie uns die vollen Becher zurückreichen.

Ich bin irritiert. Würde ich in einer Notsituation nicht einfach alles zu mir nehmen? Ich probiere den Tee. Okay, er schmeckt wirklich furchtbar. Widerwärtig salzig. Das will man nicht trinken. Erst recht nicht, weil es an Meerwasser erinnert.

Vier Rettungen in 15 Stunden. 329 neue Gäste. Alle jetzt wieder ansprechbar. Darauf einen richtigen Tee.

»Get some rest«, ruft mir Canelle zu. Pause. Völlig verschwitzt stolpere ich in die Kabine. 3 Uhr. Ich glaube, ich habe noch nie in meinem Leben einen so langen Tag erlebt. So viele Eindrücke. Ich ziehe mich die Leiter hoch und sinke auf die Matratze. Mein Herz rast, und mein Kopf droht zu explodieren. Ich sollte dringend schlafen, doch ich kann nicht. Ich zwinge mich, ruhiger zu atmen. Dann ist es plötzlich, als hätte mir jemand einen Knüppel über den Kopf gezogen, und ich falle in einen tiefen Schlaf.

Tag 14
Überm Punkt

17. Mai

5 Uhr. Alarm. Der lange, schrille Ton jagt durch alle Kabinen. Nein. Nein, nein, nein. Ich bin nicht da. Mein Körper liegt auseinandermontiert auf dem Bett verteilt. Den krieg ich jetzt nicht innerhalb weniger Minuten zusammengebaut.

Keine Gnade, Treffen in der *Mess,* sofort. Mit tiefen Ringen unter den Augen berichtet Jan von einem weiteren *Distress Call.* Er sei schon ein paar Stunden alt. Vielleicht habe die »Küstenwache« schon eingegriffen, vielleicht auch der Tod. Wir würden trotzdem alles Menschenmögliche versuchen, zur Hilfe zu eilen.

Ich ziehe mir Rettungsweste und Helm an und taumele noch immer benommen an Deck. Hat mir jemand was in den salzigen Tee gemischt? Die *Sea-Eye 4* fährt 10,5 Knoten, ihre Maschinen rotieren. Sie fliegt über die Wellen, während am Horizont erst zaghaft, dann selbstbewusster ein Streifen Licht erscheint und die Finsternis verdrängt.

Wind bläst mir ins Gesicht und wirkt wie ein nasser Waschlappen. Ich wache auf, auch mein Körper meldet sich zum Dienst. Ich bin wieder da. Marlene und Stefan warten in Position neben mir.

»Jetzt gilt es«, sagt der Doc.

Wieder ein Wettrennen, gegen wen oder was, wissen wir nicht. Ich schließe die Augen, die Gedanken gleiten davon.

Es dauert eine Stunde, dann haben wir Gewissheit: »We are too late«, schallt es aus dem Funkgerät. Es sei an besagter Position nichts zu sehen, kein Boot weit und breit.

Wir schauen uns fragend an. Ist es weitergetrieben worden? Oder schon aufgegriffen? Untergegangen? Völlig unklar.

Aber es gibt eine weitere Sichtung. Neues Rennen, neue Chance.

Alarm. Jetzt aber. *Mo'Chara* ist eigentlich nicht einsatzfähig. Sie kann nicht mehr. Aber sie muss. Das alte Zirkuspferd wird noch einmal in die Manege geschickt. Die Peitsche knallt. Sonst würde es nicht vorwärtsgehen. *Mo'Chara* fährt los. Zu viel Wasser, zu wenig Luft. Auch für die Zirkusreiter nicht ganz ungefährlich. Ihr Pferd fällt in einen letzten Galopp. Vielleicht spürt sie, dass sie gebraucht wird.

Menschen kommen mir entgegen. Ich öffne ihre Rettungswesten. Jemand fällt auf den Boden. Kommt jetzt die gefürchtete Reanimation? Doch der Mann ist noch bei Bewusstsein. Er spricht, nein, er betet. Er betet zu Gott, dass er überlebt hat. Auf seinen Knien. Was für ein schaurig schönes Bild. Er drückt sich hoch.

»You are my hero«, sagt er zu mir.

Nein, ich bin kein Held. Ihr seid das. Nur ihr. Ihr habt alles riskiert.

Ein durchnässtes Mädchen steht plötzlich vor mir. Sie muss um die acht Jahre alt sein. In ihrem schwarzen, triefenden

Kapuzenpulli blickt sie mich an. Sie heißt Elijah. Elijah fängt an zu weinen. Laut zu schluchzen. Ich presse sie an mich. Sage ihr, dass alles gut wird. Du bist hier sicher, kleine Elijah.

Wieder so ein Moment. Auch Elijah wird bleiben.

Wenn die Welt etwas sehen sollte, dann das Gesicht von Elijah. Nichts müsste man erklären. Es braucht dafür keinen langen Text, keine dicke Überschrift. Keine Worte. Nur dieses Bild.

Diese Mission macht etwas mit uns. Prioritäten verschieben sich. Bis vor Kurzem war es mir wichtig, die neuesten politischen Geschehnisse zu verfolgen. Welche Partei heckt welchen Coup aus? Wer ist öffentlich in welchen Fettnapf getreten? Das ist mir seit Tagen völlig egal. Es interessiert mich nicht. Es wirkt so klein, geradezu lächerlich, wenn ich aus der Distanz darauf schaue.

Auch die anderen haben das Gefühl, Teil von etwas Großem, etwas Großartigem zu sein. Zum Beispiel Liviu, der rumänische Elektriker. Am Anfang schien er scheu und teilnahmslos, verschwand im Maschinenraum und ließ sich selten blicken. Aus seiner Sicht war er einfach nur als Elektriker auf irgendeinem Schiff im Einsatz. Jetzt aber scheint er Überzeugungstäter geworden zu sein, ist hoch motiviert, packt überall mit an.

»I wanna help«, sagt er, während er die Menschen aus den Rettungsbooten an Deck zieht. Eigentlich ist er nicht so der sportliche Typ, aber er arbeitet wie eine Maschine. Im Dauereinsatz. Und das seit Stunden. Ohne sich zu beklagen, ohne um Trinken, Essen oder eine Pause zu bitten. »This is my first time on a rescue ship. This is so important.«

Jeder, der mit eigenen Augen sieht, was hier im Mittelmeer passiert, ist nicht mehr dieselbe Person.

Niemand kippt mehr um. Die Kapazität der Krankenstation

Ein überfülltes Holzboot in Seenot nahe der *Sea-Eye 4* [24]

wird nicht mehr gesprengt. Das ist gut. Noch so eine Runde wie gestern hätte ich wohl nicht mehr gepackt. Ich wäre selbst ein Fall für die Liege geworden. Ich sehe es genau vor mir: Stefan legt mir eine Infusion und Marlene klebt das EKG. Sie schauen sich mit besorgten Gesichtern an und drehen den Sauerstoff höher.

Ich bin so über den Punkt. Es ist mittlerweile Nachmittag, und ich habe noch immer nichts gegessen. Geht das jetzt ewig so weiter? Mittlerweile haben wir 408 Menschen an Bord, unter ihnen 150 Minderjährige. Wie geht es jetzt weiter? Retten wir noch mehr? Wir bekommen dazu keine Ansage. Eigentlich ist kein Platz mehr, das Schiff platzt aus allen Nähten.

»Now we just need a safe habour for these people«, sagt Canelle.

Einsatz bis zur Erschöpfung [25]

»And for the crew«, ergänze ich. Ja, auch die übermüdete Besatzung könnte einen sicheren Hafen gebrauchen.

Wir prusten beide los.

»The crew is so crazy. No sleep«, lacht Canelle.

Wir gackern, bis uns die Tränen kommen. Und auch dann kriegen wir uns nicht ein. Es schmerzt, in meinem Magen, in meiner Kehle. Jan eilt vorbei und schüttelt den Kopf. Unser Lachen geht in Weinen über, es fließen die gesammelten Tränen der letzten zwei Tage. Fünf von sechs Rettungseinsätzen in nur 24 Stunden. Es war zu viel. Das war alles viel zu viel.

Tine kocht Tee in der Gästeküche neben dem *Hospital*. Ein Mann beobachtet sie dabei. Die Köchin rührt etwas Zucker in den großen Bottich. Gerade als sie sich abwendet, sagt der Gast:

»More sugar.«

Tine blickt ihn an: »No, that's enough sugar.« Genug Zucker.

»More sugar, we need more sugar!« Der Gast lässt nicht locker.

Mit einem Glucksen kündigt sich mein nächster hysterischer Lachanfall an. Ich denke an den Salztee von gestern – und der Mann wahrscheinlich auch. Er kann ja nicht wissen, dass der Geschmack gestern medizinische Gründe und nichts mit Tines Teekochkünsten zu tun hatte.

»More sugar«, beharrt der Gast.

Tine reicht es jetzt. Sie schüttet den kompletten Rest der Packung in den Tee.

»Good. That is more sugar«, sagt der Gast.

So viele Gesichter. So viele Körper füllen den gesamten Außenbereich des Hauptdecks, des Sonnendecks und die Container, die ihren Schrecken komplett verloren haben. So viel Leben zwischen all den Schlafsäcken, Decken, Rettungsfolien, Isomatten und Klamotten! Das Düstere ist verschwunden. Dafür ist es eng geworden, die Menschenmassen verunsichern mich.

»Sorry … SOOORRRRYYY!« Ich muss die Gäste regelrecht zur Seite drücken, damit ich durchkomme. Einer der Jungs von der ägyptischen »Klassenfahrt« hält mich auf.

»I am Muri. I wanna learn German. Can you teach me something?«

Ich zögere. Deutschunterricht? Eigentlich will ich mich nur noch so schnell wie möglich ins Bett verkriechen. Irgendwie fühlt sich der Moment aber auch schön an.

»Okay, one word every day«, sage ich. Ein Wort.

Der junge Ägypter lächelt.

»First word is: WURST. Can you say it?«

»WIIRRDDD«, sagt Muri.

Ein Schlafcontainer mit
seinen Bewohnern [26]

»No, WURSSST.« Wie bin ich ausgerechnet darauf gekommen?

»WÖÖÖRRRSS«, versucht der Ägypter es noch mal.

»Perfect«, antworte ich.

»And, what does it mean?«, fragt Muri zurück.

»Sausage. It's very important in Germany.« Ich lache, er
auch.

»That is good«, sagt er und gibt mir ein Daumen hoch,
»WÜÜÜRRSSD«.

Auch das Sonnendeck dient als Schlafplatz [27]

Ich hebe ebenfalls meinen Daumen. Dann hören wir rhythmisches Klatschen. Rufe. Gesang. Die Syrer haben vor dem *Hospital* einen Kreis gebildet und tanzen. Nach und nach geht einer von ihnen in die Mitte und macht wilde Verrenkungen. Die anderen jubeln und feuern den Tänzer an. Ich freue mich über ihre Ausgelassenheit. Öffnet das Ventil, lasst es raus. Ich sehe aber auch, dass die Syrer unter sich bleiben. Die anderen Gäste schauen ihnen bloß verwundert zu.

Tag 15
Handeln Sie!

18. Mai

Endlich mehr als nur zwei Stunden geschlafen. Ich fühle mich wieder bei Kräften. Auch der Rest der Besatzung macht einen guten Eindruck. Da ist Leben zurückgekommen, in uns alle.

Jan informiert uns, dass wir jetzt Kurs nach Norden genommen haben. Das heißt, vermutlich kommen keine weiteren Rettungen hinzu, wir haben das Einsatzgebiet verlassen. Es sind ohnehin extrem viele Gäste an Bord, und es gab bislang keine weiteren *Distress Calls*.

Wir treten in die nächste Phase der Mission ein, angeblich die schwierigste, wie uns vorher im Online-Training beschrieben wurde: die Suche nach einem sicheren Hafen. Den gewährt uns das Seerecht – und wir brauchen ihn besser heute als morgen. In spätestens zwei Tagen soll das Wetter richtig schlecht werden und wir haben viele schwache, seekranke Gäste an Bord. Infektionen könnten massiv zunehmen, Stürze inklusive Knochenbrüche auch. Es könnte zu

Spannungen und Handgreiflichkeiten kommen, bei so vielen verschiedenen Kulturen auf engstem Raum.

Aber es ist die übliche Hinhaltetaktik. Wer zuckt zuerst? Inzwischen befinden wir uns in der SAR-Zone von Malta, aber Malta möchte mit unserem Schiff und seinen Passagieren nichts zu tun haben und spielt den Ball zurück an die deutschen Behörden. Schließlich fahren wir unter deutscher Flagge. Wie lange wird das unseren Trip verzögern? Wir haben nicht mehr so viel Zeit für Spielchen. Es geht hier, wenn es hart auf hart kommen sollte, nach wie vor um Menschenleben. Das acht Monate alte Baby hat Fieber bekommen. Wir haben ihm ein Zäpfchen verabreicht, um die Temperatur zu senken, mehr konnten wir nicht machen. Steigt das Fieber, steigt auch das Risiko eines Krampfanfalls. Als es an Bord gehoben wurde, war auch dieses Kind kalt und dehydriert – etwas später, und es wäre höchstwahrscheinlich gestorben. Eines von 150 Kindern und Jugendlichen an Bord. Was für eine Zahl!

Unsere Hoffnung liegt jetzt auf Italien. Es gibt wohl Gespräche mit dem Bürgermeister von Palermo, der Inselhauptstadt Siziliens, aber noch wissen wir nichts Konkretes. In meiner Verzweiflung und Wut schreibe ich unserem Außenminister Maas per Twitter.

»Die Menschen sind erschöpft, seekrank, und schlechtes Wetter steht uns bevor. Wir fahren unter deutscher Flagge und brauchen einen sicheren Hafen. Handeln Sie! Danke.«

Maas hat mal gesagt, dass er es nicht vertreten könne, dass flüchtende Menschen zurück nach Libyen gebracht würden. Wird er Verantwortung übernehmen? Er könnte ja wenigstens mal die italienischen Nummern aus seinem Telefonbuch raussuchen und anrufen. Mit einer Antwort rechne ich nicht.

Heute ist der Tag des Covid-Tests. Alle an Bord müssen getestet werden, alle! Wie sollen wir das organisiert bekommen? Nach unserem Frühstück entwerfen Stefan, Marlene und ich einen Schlachtplan. Im *Hospital* haben wir Ruhe, es ist wie ein *Panic Room*. Sind die Türen zu, sind wir abgetrennt von der Außenwelt. Nur das Schaukeln erinnert uns daran, dass wir auf einem Schiff sind. Der Plan ist, nach Nationalitäten vorzugehen. Die hocken eh alle beieinander, dann können wir Gruppe für Gruppe abarbeiten.

Draußen geht derweil die Frühstücksausgabe für die Gäste los, Reis mit Kichererbsensoße. Auch das ist eine logistische Meisterleistung. Schnüre werden gespannt, damit sich vor der Essenstheke keine Trauben bilden. Allein fünf Crewmitglieder sind nötig, um die Massen irgendwie zu kontrollieren und zu dirigieren. Zwei kochen. Zwei übernehmen die Verteilung. Einer macht mit den Gästen den Abwasch. Eigentlich ist der gesamte ehrenamtliche Teil der Besatzung beteiligt. Die Aufgaben an Bord haben sich komplett gewandelt. Statt um die Seenotrettung geht es jetzt darum, die Versorgung von mehr als 400 Leuten zu stemmen. Drei Mahlzeiten täglich. Ein ungeheurer Kraftaufwand für ein Team, das bereits seit zwei Wochen alles gibt und dringend selbst eine Pause bräuchte. Aber was hilft's? Weitermachen. Hochgeputscht bleiben.

Nur wir Medics sind heute außen vor. Vor der Station hat sich eine Schlange gebildet, der Coronatest scheint das Ereignis des Tages zu sein. Die Stimmung ist losgelöst. Mit kaum verhohlener Schadenfreude versuchen die Wartenden, durch die offene Tür einen Blick darauf zu erhaschen, wie andere bei der Probeentnahme das Gesicht verziehen. Auch ich habe wieder meinen Spaß.

Woher die Menschen alle kommen – aus Ägypten, Äthiopien, Bangladesch, Burkina Faso, der Elfenbeinküste, Eritrea, Gambia, Guinea, Libyen, Mali, Marokko, Nigeria, den Palästinensischen Gebieten, dem Sudan und dem Südsudan, Syrien und aus dem Tschad. Sie alle treffen sich bei uns auf der Krankenstation, und ich stecke ihnen das Stäbchen ganz tief rein, herrlich!

Eines dämpft meinen Eifer aber auch heute: Immer wieder stehen Gäste vor mir, die gar keine Regung zeigen. Versteinerte Minen. Starre Augen. Steife Haltung. Wie leblose Hüllen. Gerade bei den Minderjährigen ist es erschreckend. Ich lächele sie an – soweit das mit FFP2-Maske geht – und versuche es mit einem Spruch, um die Stimmung zu lockern. Keine Reaktion, nichts. Da ist so viel kaputtgegangen.

»WÖÖÖRRRSS!«, begrüßt mich Muri, als er zum Test antritt.

»Yes, very good. You want another word?«

»Yes, of course«, antwortet er. Weiter geht der Deutschunterricht.

Ich denke kurz nach. »Okay, now you are learning the most difficult word in German. Are you ready?«

»Yes.«

»Okay, the most difficult German word is: EICHHÖRNCHEN.«

Muri sieht mich fassungslos an: »What?«

»EICHHÖRNCHEN.«

»What is it?«

»It's the German word for squirrel. The small animal, which jumps from tree to tree and collects nuts.«

»Ahh.«

»Even for some Germans it is difficult to say that: EICHHÖRNCHEN.«

»AIK … AIKORNEN«, versucht Muri es.

»Yes, you are a fast learner.« Muri freut sich. Und bemerkt gar nicht, wie der Teststab in seinem Nasenloch verschwindet.

»AIKORNING. And tomorrow more.«

»Yes!«, rufe ich.

Faust auf Faust. Und Muri ist wieder in der Menge verschwunden.

Ich vergesse zu trinken. Eigentlich hatten Marlene, Stefan und ich geplant, immer mal wieder kurz eine Pause einzulegen, aber wir verschieben es fortwährend. Bis wir merken, dass wir total erschöpft sind und es Abendessen gibt und wir nach fast fünf Stunden aufhören *müssen*. Fünf Stunden nichts getrunken. Aber was jammere ich. Unsere Gäste haben ganz andere Dinge ertragen. Es ärgert mich aber, dass ich heute nicht draußen war, ich hätte so gerne das Deckleben beobachtet. Wie verhalten sich unsere Gäste?

Prompt höre ich Geschrei vor der Tür. Wir stürzen hinaus, vor uns fliegen die Fäuste, Körper krachen zu Boden und wälzen sich vor unseren Füßen.

Bohne, dessen Spitzname von seiner Statur herrührt, lang und dünn, hat Aufsicht, kommt herangeeilt und brüllt in die schrillen Schreie der Umstehenden: »No fighting!«

»Fighting on deck«, krächzt das Funkgerät.

Weitere Crewmitglieder kommen dazu, wir reden beruhigend auf die Männer ein. Es sind die Syrer, die gestern noch friedlich miteinander gefeiert haben. Sie streiten weiter, ohne noch einmal handgreiflich zu werden.

»I am hungry«, sagt mir einer.

»Me too«, antworte ich.

Ich verdrücke mich an den Bug. Die versteinerten Gesichter beschäftigen mich. Augen so tief und dunkel, dass mir unwohl wird und ich den Blick abwenden muss.

Eine Welle bricht, und Gischt klatscht in mein Gesicht. Kalt und rau. Wird das Wetter etwa jetzt schon schlechter? Ich habe während der Tests bereits etliche Vomex-Pillen gegen Übelkeit verteilt. Unsere Gäste sind erschöpft, die sollen sich ausruhen und nicht kotzen.

Neben den Seekranken haben wir uns medizinisch vor allem um die fünf Schwangeren gekümmert. Marlene ist immer mal wieder verschwunden und hat sie im »Women-Container« besucht, einer der beiden des unteren Decks, der für Frauen und ihre Kinder reserviert ist. Wir haben gleich gemerkt, dass sie Marlene gegenüber viel offener sind und schneller Vertrauen fassen. Zu unserem Glück spricht sie ein bisschen Französisch – wie viele der Patientinnen auch.

Die Schwangere im achten Monat, Lisha, macht uns besonders Sorgen, sie scheint psychisch echt wackelig, weint viel und kann sich kaum auf den Beinen halten. Ihre Unterleibsschmerzen gehen nicht weg. Als die Tests durch waren, haben wir sie ins *Hospital* gebeten und ihr eine Liege angeboten, damit sie ein wenig für sich ist und zur Ruhe kommen kann. In der Abgeschiedenheit des *Panic Room,* umsorgt von uns, wurde Lisha gleich entspannter.

Auch das Baby haben wir noch einmal untersucht. Es wirkte schlapp, aber das Fieber ist nicht gestiegen. Der Mutter haben wir noch ein Zäpfchen für die Nacht mitgegeben.

Erstmals kamen auch Crewmitglieder zu uns. Urtzi klagte über Unwohlsein und Husten. *Chief Engineer* Alex, ein Fels von einem Typen, fühlte sich ebenfalls schlapp, sein Kopf schmerzte, die Nase lief. Haben wir einen grippalen Infekt an Bord? Auch Nina, die vorgestern noch Blitzgenesene, macht wieder einen schlechteren Eindruck.

Zurück im Trubel auf Deck, spricht mich ein Gast aus Bangladesch an.

»I wanna smoke, where are my cigarettes?« Die Zigaretten wurden ihm – wie allen – beim Securitycheck abgenommen. Die Gefahr ist zu groß, dass eine Kippe unachtsam auf einer der Decken oder Isomatten landen würde, die fast den gesamten Boden bedecken. Dann könnte sofort ein Feuer ausbrechen. Ich versuche, das dem Gast zu erklären, und ende mit: »Nobody smokes here.«

»That is not true«, widerspricht er.

»Yes, it is.«

»No.«

»Yes.«

»No, it is not true.«

Der ist ja ganz schön hartnäckig. Ich hebe ratlos die Hände.

»I saw one of your guys smoking upstairs.« Er zeigt nach oben zur Brücke. »Old one, with longer dark hair.«

Es dämmert mir. Er meint den Kapitän. Oh, Mann, dieser Kapitän! Keiner soll hier rauchen. Auch die Besatzung nicht, besonders nicht vor Gästen. Und der geht einfach so raus und schmökt, sodass jeder Gast ihn sehen kann? Äußerlich bin ich entrüstet, innerlich muss ich auch grinsen. Dieser Captain ist echt 'ne Type. Könnte es vielleicht sein, dass er gar nicht mitbekommen hat, dass wir 408 Gäste an Bord haben?

Ich bin in meiner Kajüte, als es im Gang poltert und dann stürmisch an die Tür klopft. Es ist Canelle.

»You have a guitar and you can play, don't you? We need you. Now. You have to come. Immediately!«

»But I can play just a few things«, entgegne ich verdattert. Ich wusste, dass diese dumme Gitarren-Idee sich rächen würde.

»Doesn't matter, come on now!« Sie zieht mich aus der Kabine. Ich schnappe den Koffer mit der Gitarre, die ich bisher noch nicht berührt habe.

»There was more fighting on deck. You have to play so that they are distracted«, erklärt mir Canelle auf dem Weg nach draußen.

Ich öffne die schwere Stahltür und höre lautes, aggressives Stimmengewirr. Irgendwas scheint hier zu brodeln. Und ich soll jetzt spielen und die Gemüter beruhigen. Als mich die Gäste mit der Gitarre sehen, brandet Applaus und Jubel auf. Oh no, wahrscheinlich erwarten die jetzt ein Konzert! Der Einfall mit der Gitarre kam mir ein paar Wochen vor Abfahrt auf meiner Couch, da hatte ich mir ein gemütliches Sit-in vorgestellt, eine kleine Runde, mit Taschenlampe anstelle eines Lagerfeuers in der Mitte. Nun sind hier so viele Menschen, ich weiß gar nicht, wo ich hinsoll. Innerlich bereite ich mich auf ein gigantisches Scheitern vor. Sehe schon vor mir, wie mich die Gäste nach meiner holprigen Version von *Hotel California* betreten anschweigen.

Dann steht einer auf und ruft: »Guitar! Please give it to me. I wanna play the guitar.«

Ich blicke Canelle an und nicke ihr zu. Das ist die Lösung. Nicht ich, sondern er spielt die Gitarre. Juhu! Ich überreiche dem Gast den Koffer und schleiche mich erleichtert zurück in die Kabine.

Nur fünf Minuten später stürzt Canelle wieder rein. Mit dem Gitarrenkoffer.

»Tobi! Now, the fighting was even worse! They argued about who should play the guitar. Almost everybody wanted to! Please take the guitar back. It causes too much trouble.«

Ich nehme ihr den Koffer ab und klemme ihn wieder neben das Regal.

Canelle zupft an einer Haarsträhne. »By the way, do you have a card game?«

Es wird ein friedlicher Abend mit gemeinsamem Kartenspiel an Deck – bis es dafür zu kalt wird. So angenehm sommerlich warm es am Tag auch ist, die Dunkelheit bringt eisigen Wind. Die vielen Gäste an Bord, die nicht in den Containern, sondern draußen schlafen, rollen sich fest in ihre Woll- und Rettungsdecken ein und hoffen, dass es trocken bleibt.

Tag 16
Notfall

19. Mai

Gefangen auf der Krankenstation. Covid-Tests. Covid-Tests. Covid-Tests. Menschen, Zahlen, Tabellen – alles verschwimmt.

Einmal, als die Tür aufgeht, sehe ich oberhalb der Bordwand Felsen in den Himmel ragen. Sizilien. Die Gäste denken, wir seien schon da. Aber noch wurde uns kein Hafen zugewiesen.

Es wird allmählich zäh: Wer wurde schon getestet, wer noch nicht? Die Leute kommen nicht mehr freiwillig, lassen sich bitten, drücken sich. Wir aber wollen das Ganze hinter uns bringen.

Die Lösung heißt Kasim. Er stammt aus Mali, trägt eine rote Mütze, spricht Englisch, Französisch und Arabisch – und bietet uns seine Hilfe an. Dankbar nehmen wir an. Ab jetzt streift er für uns übers Deck und holt die noch Ungetesteten heran. Wieder stehen sie Schlange, diesmal unter den wachsamen Augen von Kasim, der für Ordnung sorgt. Unangenehmerweise wird sein Ton dabei zunehmend laut und schneidend.

Er scheint seine Rolle sehr ernst und sich selbst von Minute zu Minute wichtiger zu nehmen. Inzwischen sind die anderen Gäste irritiert.

»You go here«, höre ich ihn kommandieren. »And you are next. Quickly. Hurry up!«

Jetzt übernimmt er auch noch meine Aufgabe, die Leute hereinzubitten. So geht es nicht weiter. Wie werden wir Kasim bloß wieder los? Keiner von uns hat Zeit und Muße, sich ihn zur Brust zu nehmen. Zum Glück stattet Canelle uns einen Besuch ab.

»We need your help, Canelle«, flüstere ich ihr zu.

Mit Charme und festem Griff schafft sie es, Kasim von unserem Eingang wegzulotsen. Die Stimmung draußen entspannt sich ohne den Türsteher.

Wie gestern kommen die Menschen nicht nur wegen der Tests, sondern auch mit ihren Sorgen zu uns – in die Hausarztpraxis der Doktoren Marlene, Stefan, Tobi. Sie sprechen uns alle drei wirklich mit »Doctor« an, was in Marlenes und meinem Fall natürlich mehr als schmeichelhaft ist. Wir versuchen zu helfen, wo wir können, und verständigen uns mit Händen und Füßen, wenn wir keine gemeinsame Sprache sprechen. Krankheiten lassen sich gut mit Gesten erklären. Bauchschmerzen, Kopfschmerzen, Schwindel.

Ich verteile Vomex-Pillen wie Karnevalskamellen. Das Baby hat jetzt 38,5 Grad Temperatur. Noch immer Fieber, aber nicht mehr so hoch. Viele leiden an Läusen und Krätze. Wir geben etwas gegen das Jucken, aber richtig behandeln können wir diese Krankheiten nicht. Sie sind ja nicht lebensbedrohlich – und die Menschen würden sich ohnehin im engen Container oder gedrängt auf Deck direkt wieder anstecken.

Zwei Gäste deuten auf ihr Gesicht.

»It hurts. Sun«, sagt der eine. Die Haut an Nase und Wangen pellt sich. Eindeutig Sonnenbrand. Kein Wunder, während der Flucht auf dem Meer waren sie der Sonne schutzlos ausgeliefert, teils tagelang. Sonnencreme hatten wohl die wenigsten dabei.

Ich schaue Marlene an. »Was geben wir denn da jetzt?«

»Vielleicht irgendeine Wundheilsalbe«, sagt Marlene.

Ich krame in unserer Salbenschublade und finde einige Tuben Bepanthen. Die habe ich im Rettungsdienst noch nie benutzt. Generell sind Salben nichts für akute Notfälle. Wunden werden von uns steril verbunden, den Rest übernimmt das Krankenhaus. Aber Bepanthen kenne ich seit meiner Kindheit. Eine Creme gegen alles. Mit Anlauf auf den Beton geknallt? Salbe auf das aufgeratschte Knie, Pflaster drüber, fertig. Stirn im Unterholz an Dornen aufgeratscht? Mit einem Taschentuch die Blutung stillen, dann Wundheilsalbe. Hilft immer. Warum nicht gegen Sonnenbrand?

Ich deute den beiden Männern an, jeweils einen Zeigefinger auszustrecken. Darauf gebe ich jedem einen weißen Klecks Salbe. Dann reibe ich mir pantomimisch die Wangen ein. Sie machen es mir nach, verteilen die Creme auf den wunden Stellen.

»Ahh, this is good. More«, sagt der eine.

Mehr? Ach, ist auch egal, wir haben ja genug. Diesmal bekommt jeder einen Zahnpasta-Streifen auf den Finger. Beide verteilen die zweite Portion großflächig im Gesicht. Ich muss grinsen, denn jetzt sehen sie wirklich lustig aus, als hätten sie ihren Kopf in Torte gedrückt. Das scheint ihnen aber gar nichts auszumachen.

»Thank you, doctor!« Zufrieden ziehen sie davon.

Auch ich bin beschwingt. Wie wenig es doch manchmal braucht, um Menschen glücklich zu machen. In meinem nächsten Leben werde ich Hausarzt.

Zwei Minuten später stehen drei neue Patienten in der Tür.

»We want this cream against sunburn«, sagen sie. Auch ihre Gesichter sind sonnenverbrannt.

»Scheint ja ein voller Erfolg zu sein«, gluckst Marlene.

Ich drücke jedem eine großzügige Portion aus der Tube. Klar, alle drei wollen genauso viel wie ihre Vorgänger, bis die Gesichter weiß sind, sonst wirkt es ja nicht richtig. Viel hilft viel.

Marlene und ich können uns gerade noch beherrschen. Die Typen sehen urkomisch aus.

Sie sind seit wenigen Sekunden gegangen, da kommen die Nächsten und wollen die Zaubersalbe. Es bildet sich eine Schlange. Rasend schnell hat sich rumgesprochen: Hier gibt es etwas medizinisch Extraordinäres!

Marlene quetscht mittlerweile den letzten Rest Salbe aus der zweiten Tube. Könnte doch eng werden, wir haben nur noch drei. Und die Schlange wird immer länger. Weiße Gesichter füllen das Schiffsdeck.

»Was ist denn hier los?«, fragt uns Stefan mit großen Augen. Dann bekommt er das Grinsen nicht mehr aus dem Gesicht. Es hört nicht auf. So viele wollen versorgt werden. Ich breche die letzte Tube an.

»So good«, schwärmt einer der Gäste.

Bepanthen – der Star für einen Nachmittag auf diesem Seenotrettungsschiff.

Ein Gast zeigt auf seinen Bauch.

»Do you have pain in your stomach?«, frage ich.

Er schüttelt den Kopf.

Verstehe ich nicht. Er hat doch auf seinen Bauch gezeigt.

Da zieht er seine Jogginghose samt Boxershort herunter und deutet auf seinen Penis. Entgeistert schaue ich von seinem Schritt hoch in sein Gesicht und dann über die Schulter zu Marlene. Die hat sich zufälligerweise gerade abgewendet und sucht nach Medikamenten für einen anderen Patienten.

Auch dieser Gast ist Fan der Wunder-salbe. [28]

»Marlene, dreh dich jetzt bitte nicht um!« Den Anblick will ich ihr ersparen.

Der Penis ist knallrot, aufgekratzt und krustig. Der Mann, er heißt Tay, scheint Filzläuse zu haben. Stefan drückt ihm einen Rasierer in die Hand und schickt ihn duschen. Alle Haare unterrum müssen weg. Danach soll er wiederkommen.

Tay scheint verstanden zu haben und zieht seine Jogginghose wieder hoch. Die ist völlig verdreckt und stinkt nach Kot und Urin.

»Können wir ihm nicht neue Klamotten besorgen?«, fragt mich Marlene.

»Gute Idee, es darf nur keiner mitbekommen.«

Wir haben zwar gespendete Ersatzkleidung mit, aber wenn sich das bei den Gästen rumsprechen würde, hätten wir ein großes Problem. Der Bepanthen-Effekt. Denn für alle reichen

141

die Klamotten nicht. Wir müssen den Austausch also heimlich hinbekommen – Operation Notbekleidung.

Marlene eilt zum Maschinenraum, wo die Kartons mit den Kleiderspenden im Regal lagern. Ich versuche, alle anderen Gäste aus dem *Hospital* zu komplimentieren, und schließe die Türen. Das hält leider niemanden davon ab, sie von außen wieder zu öffnen – »Please, Doctor!« –, da haben wir durch unsere bisherige Allzeitbereitschaft eine Erwartungshaltung geschaffen.

Die Tür öffnet sich wieder, und ich stöhne auf, doch es ist Tay. Frisch geduscht und lächelnd steht er in Boxershorts vor mir, den kleinen blauen Plastikrasierer in der linken Hand. Hinter ihm taucht Marlene auf, zieht die Tür zu und präsentiert ihre Auswahl: ein überdimensionierter weißer Pulli mit US-Flagge, dazu eine weite blaue Jogginghose. Tay zieht sich begeistert um. Als er zum Schluss seine Basecap wieder aufsetzt, sieht er aus wie einst der Rapper 50Cent, bloß in jung.

Die alte Hose hält er in der Hand, wie einen Schatz drückt er sie liebevoll an sich. Was ist das denn?

Er deutet auf die große Kleiderschere, die an der Wand hängt.

Ich schaue ihn fragend an.

»Please«, sagt er.

Ich gebe ihm die Schere, auch wenn ich nicht weiß, was er damit vorhat.

Er beugt sich über die Hose und schneidet in ihren Saum, faltet den Stoff auf und pult etwas hervor. Eine SIM-Karte. Eine eingenähte klitzekleine SIM-Karte. Gut versteckt, damit sie ihm niemand auf der Flucht, in den libyschen Lagern, abnimmt. Sein Kontakt in die Heimat. Sein einziger, sein wertvollster Besitz. Er verstaut sie in einem kleinen Plastiktütchen. Dann knüllt er die dreckige Jogginghose zusammen, wirft sie in unseren Müllsack und lächelt. Dankbar.

»Don't tell anybody about the new clothes«, schärfe ich Tay ein. Er blickt mich mit großen Augen an. Sein bisschen Englisch – immerhin mehr als bei vielen anderen Gästen – reicht nicht. Ich zupfe an Hose und Pulli, schaue mich verschwörerisch um und lege den Finger auf die Lippen: »Schschsch.«

Er grinst, schüttelt meine Hand und geht bedächtig nach draußen.

Ich hoffe inständig, er behält das mit der Kleidung für sich. Mit Ausnahmen müssen wir leider echt vorsichtig sein. Eine Ausnahme zu machen heißt sonst, über 400 Ausnahmen zu machen.

Klammheimlich geht die Operation Notbekleidung aber weiter. Zwei Kleinkinder mit besonders verdreckten Shirts werden von uns komplett neu ausgestattet. Nur die Mütter bekommen es mit.

Kurz darauf öffnet ein junger Mann, Mitte 20, im grünen T-Shirt unsere *Hospital*-Tür. Er hustet und fühlt sich nicht wohl. Stefan untersucht ihn. Mit seinem Stethoskop horcht er die Lunge ab und hört ein pfeifendes Geräusch beim Ausatmen.

»Wahrscheinlich Pneumonie, vielleicht auch was Schlimmeres«, brummt Stefan und gibt dem Patienten ein Antibiotikum, das er jetzt regelmäßig einnehmen soll. Wieder einer, den wir unter Beobachtung haben müssen.

Aus der Gästeküche dringen der Duft des Mittagessens und Musik, Manu Chao mit *Bongo Bong*. Ich bleibe stehen, wippe im Rhythmus und fange an zu tanzen. Ein kleines Mädchen, fünf Jahre, springt herbei und tanzt um mich herum. Sie streckt die Arme aus, und ich fasse ihre Hände, zusammen schwingen wir vor und zurück, wiegen und drehen uns, Freestyle, »King of the Bongo Bong«. Der Moment trägt mich durch den ganzen Tag.

Ein 20-jähriger Syrer klopft an unserer Tür und klagt über Brustschmerzen. Mein erster abschätzender Rettungsdienstblick sagt mir, nach Schmerzen sieht der gar nicht aus. Aber Marlene bittet ihn herein, sicher ist sicher, Brustschmerzen sollten immer ernst genommen werden.

Wir checken Saad komplett durch. Die Vitalwerte sind seltsam. Sein Herz schlägt extrem langsam, nur 40 Schläge die Minute. Das ist sehr wenig. Noch weniger, und er könnte bewusstlos werden. In Kombination mit dem Brustschmerz ein kritisches Symptombild.

Stefan, den wir dazugeholt haben, zögert nicht lange. Er löst per Funk Alarm aus, der *Head of Mission* kommt herbeigeeilt.

»Vermutlich akutes Koronarsyndrom«, erläutert Stefan.

Er will den Patienten von Bord haben, so schnell wie möglich. Saad braucht eine intensivmedizinische Behandlung, zu der wir an Bord nicht die Mittel haben. Wir sind im Notfall nicht in der Lage, eine Narkose einzuleiten, denn wir haben kein Beatmungsgerät, bloß einen Beatmungsbeutel, aber damit können wir nur eine begrenzte Zeit beatmen. Wir haben auch keinen Perfusor, um ihm Katecholamine zu verabreichen.

Ein sogenannter Med-Evac wird ausgelöst, eine medizinische Notfall-Evakuierung. Die Brücke verständigt das Maritime Rescue Coordination Center in Rom. Über Funk bespricht Stefan mit einem italienischen Kollegen die Lage.

»Er hat die Notsituation sofort verstanden. Das ist ja großartig, dass so schnell Rettung organisiert wird!«, freut sich Stefan, als nur eine Stunde und 45 Minuten nach der Alarmierung ein Speedboat der italienischen Küstenwache heranbraust.

Viele Hände packen das Tragetuch und bugsieren Saad samt Sauerstoffflasche in meinem Notfallrucksack über das Deck. Mit vereinten Kräften hieven wir ihn Füße voran rüber auf das Boot der Italiener. Jetzt nur nicht loslassen. Alle Augen an Bord verfolgen uns, unser Auftritt hat was von einem Actionfilm, und die Aufregung unter den Gästen ist groß – der Erste von ihnen hat es geschafft! Er wird an Land gebracht!

Marlene und ich sind an der Kopfseite des Tuchs, unsere Hände umkrallen die Trageriemen, während wir, an den Hüften gehalten von Helfern hinter uns, mit auf das wackelige Speedboat steigen. Die Besatzung besteht aus drei Leuten, zwei sind in weiße Infektionsschutzanzüge gehüllt, der Dritte trägt einen ausgeblichenen orangenen Taucheranzug. Wir sollen Saad im Heck auf dem Boden ablegen. Nachdem wir uns von ihm verabschiedet haben, klettern wir zurück auf die *Sea-Eye 4*. Gespannt beobachten nun auch wir, was passiert. Doch es passiert nichts. Keiner der drei nähert sich unserem Notfallpatienten, er wird einfach im Heck liegen gelassen, auf unserem Tragetuch. Unser Tragetuch! Marlene und ich hasten noch einmal zurück auf das Speedboat. Dort muss Saad nun mit dem blanken Boden vorlieb nehmen – und da liegt er auch noch, wie wir durchs Fernglas erkennen, bewacht von einem der Italiener, als das Boot schon weit davongerast ist.

Ein älterer Mann kommt auf mich zu.

»You are angels«, sagt er mir.

Das ist zwar völlig übertrieben, doch es tut gut. Denn ich merke, dass eine Beziehung zu unseren Gästen entstanden ist. Wir bedeuten ihnen etwas, und sie bedeuten uns etwas. Sie sind keine gesichtslose Masse aus den Fernsehnachrichten. Niemand ist uns egal. Wir sehen jede Einzelne und jeden Einzelnen von ihnen und kümmern uns, wenn es nötig ist. Das haben wir ihnen heute bewiesen.

Die Essensausgabe schleppt sich voran, plötzlich ein Schrei. »All Crew!«, brüllt Canelle ins Funkgerät. Mehr verstehe ich nicht. Ich renne aus der Krankenstation.

Kichererbsencurry tropft von Canelles Gesicht, jemand hat es ihr entgegengeschleudert, weil sie einen Streit schlichten wollte. Es war glücklicherweise nicht mehr ganz so heiß.

Die Französin nimmt es zumindest äußerlich gelassen. Sie wischt sich mit einem Papiertuch die Soße ab und erklärt, dass einer der Gäste durchgedreht und handgreiflich geworden sei. Und zwar als er den beiden Mahmouds aus Libyen begegnete. Er war in Libyen gefoltert worden.

Jetzt ist also doch passiert, was Stefan befürchtet hatte – und offenbar nicht nur Stefan. Die beiden Libyer haben sich in den vergangenen Tagen extrem zurückgezogen. Den Container, meinen Container, haben sie geräumt und sind mit ihren Schlafsäcken hoch auf das nicht ganz so betriebsame Sonnendeck gezogen, um keine Aufmerksamkeit auf sich zu ziehen.

Johannes, der Maschinist, redet auf den Essenswerfer ein. Ich suche Mahmoud, denjenigen der beiden, der unbedingt mal nach Deutschland kommen will.

»Please, no fighting«, bitte ich ihn.

»We didn't do anything. We hate Libya, too«, verteidigt er sich.

Ich mag diese Fights nicht. Mein Eindruck ist, dass es immer mehr werden. Das enttäuscht mich.

Bohne winkt ab, es sei völlig normal, dass es mal zur Sache gehe. Er kenne das schon von der *Alan Kurdi*. So viele Nationalitäten und Kulturen prallen aufeinander. Die Menschen dürfen nicht rauchen. Mangels Internet und Handyempfang können sie auch nicht telefonieren, obwohl sie ihren Familien dringend sagen wollen, wo sie sind. Und dann klappt es mit der Versorgung natürlich nicht immer reibungslos. Die Essensausgabe verschiebt sich, der Hunger wird größer und die Menschen reizbarer. Das kennt jeder von sich selbst. Und dann kommen den Gästen auch noch Libyer zu nahe, Männer aus einem Land, das ihnen so viel Leid zugefügt hat. Das ist der Funke, der die Situation explodieren lässt.

Meine Schichten und Tage enden spät. 14 Stunden Arbeit, danach kann ich einfach nicht mehr. Dabei würde ich mich so gerne mehr mit den Gästen unterhalten, mehr über sie erfahren, mehr als einen Namen und die Zahl auf ihrem silbernen Gaffa-Bracelet. Ihre Lebensgeschichte. Und warum sie sich auf diese gefährliche Reise gemacht haben.

Abgesehen davon, dass ich mit vielen eh keine gemeinsame Sprache spreche, dürfen wir das Gespräch gar nicht suchen. Canelle sagt, wir könnten schlimme Erinnerungen triggern und Traumata verstärken. Damit sind wir zu Oberflächlichkeiten verdammt, es sei denn, die Menschen kommen von selbst auf uns zu.

Muri fängt mich ab, bevor ich im Crewbereich verschwinden kann.

»I need a new German word.« Er grinst.

Stimmt, die tägliche Deutschstunde darf nicht vernachlässigt werden. Bei all dem Trubel heute habe ich das völlig vergessen.

»Okay, Muri ... but do you remember the last two words?«

»WÖÖR ... and something, that started with AIK.«

Dass er davon überhaupt noch etwas weiß. Und dieses AIK-Hörnchen war ja auch wirklich eine miese Nummer von mir. Ich überlege.

»Muri, the word for today is MENSCH.«

»MENK«, versucht er es.

»It means human. We are all humans.«

»MENK, nice word.«

Ja, MENK. Wir sind alle nur Menschen. Und hier auf dem Schiff merkt man das besonders. Hier leben wir alle reduziert, zurückgeworfen auf die Basics des Menschseins. Essen, Trinken, Atmen, Zusammensein. Uns verbindet viel mehr als das, was uns unterscheidet.

Muri streckt seinen Daumen hoch und will gerade wieder in der Menge verschwinden, da rufe ich: »Wait!«

Muri hält inne.

Ich will es jetzt wissen. Tut mir leid, Canelle, *I know,* wir sollen nicht danach fragen.

»Muri, where are your parents?«

»At home. They didn't want me to go away. They said, I should stay there. But there is only hunger. So I ran away.«

Ich schlucke.

»How old are you?«, frage ich ihn.

»Seventeen.«

Ein 17-Jähriger rennt vor dem Hunger davon. Seine Eltern wollten das alles nicht. Sie wollten nicht, dass er geht. Zerrissene Familien. So viele. Muri verschwindet zwischen den anderen.

Ich greife in meine Hosentasche und entdecke einen Schokoriegel, den ich als Zwischendurch-Snack eingesteckt hatte. Ich drücke ihn unauffällig einem kleinen Jungen in die Hand, der sein Glück kaum fassen kann.

Ich sollte lieber jetzt schon im Lager gucken, wo ich die 400 Riegel für morgen finde.

Gegen 21.30 Uhr, beim sehr späten Crewabendessen, verkündet Jan: »Wir haben einen sicheren Hafen.«

Damit hat keiner von uns gerechnet. Wie absolut großartig! Endlich! Jubel.

»SEA-EYE 4 – 21 – 01!« – unser Crewschlachtruf. Der

wird nur zu besonderen Anlässen geschrien. *Sea-Eye 4* plus Jahrgang *Twenty-One* plus erste Mission *Zero-One* – hat sich Bohne ausgedacht, ist ein bisschen kompliziert. Ich habe einige Versuche gebraucht, bis ich das fehlerfrei brüllen konnte.

Alex und Urtzi rufen nicht ganz so laut. Die sind immer noch angeschlagen. Und Lasse, ein weiterer Maschinist, macht mir auch nicht den besten Eindruck.

Unser sicherer Hafen ist, anders als erhofft, nicht Palermo. Es ist Pozzallo, am anderen Ende Siziliens, einer der Häfen der Inseln, die von unserer Position am weitesten entfernt sind. Bis dahin brauchen wir noch einmal Hunderte Seemeilen und damit zwei ganze Tage. Eine Schikane der Behörden.

Ich kenne Pozzallo aus den Nachrichten. Dort hat vor zwei Jahren der deutsche Kapitän Claus-Peter Reisch angelegt, mit 100 Flüchtlingen an Bord der *Eleonore,* obwohl ein Hafenverbot des damaligen Innenministers Salvini galt. Gegen Reisch wurde ein Strafbefehl erlassen, und die *Eleonore* wurde beschlagnahmt.

Da sollen wir hin. Aber wenigstens Sizilien. In zwei Tagen dürfen unsere Gäste von Bord. Wir aber noch nicht, Corona-Quarantäne auf dem eigenen Schiff erwartet uns.

Dabei ist das Schiff unseren Tests zufolge zu 99,5 Prozent *Covid-free.* Das finde ich höchst ungewöhnlich, schließlich kommen Gäste und Crew aus den verschiedensten Ländern. Die letzten noch ungetesteten Gäste habe ich bei der Essensausgabe abgefangen, nun fehlen uns nur noch zwei Personen. Zwei! Ich werde sie suchen ... aber nicht mehr heute. Jetzt falle ich einfach um.

Tag 17
Eskalation

20. Mai

Die angekündigte Schlechtwetterfront haben wir hinter uns gelassen, das Wetter hält sich. Das ist gut für uns alle, die Gäste, die Crew und das Leben an Bord, das sich ja vor allem draußen abspielt.

Dennoch ist es kalt und windig am frühen Morgen. Ein eisiger Luftzug fährt mir durchs Gesicht, als ich die schwere Stahltür vom Crewbereich nach draußen einen Spaltbreit öffne. Weiter komme ich nicht. Davor sitzen Gäste. Etwas mehr Schwung, und ich hätte ein Schädel-Hirn-Trauma behandeln müssen. Ich zwänge mich nach draußen, weiß nun aber nicht, wo ich hintreten soll. Überall liegt jemand, in Decken eingerollt, schlafend. Es ist wie bei einem Festival, ich muss mich durch die Menge kämpfen, jeder Schritt ein Abenteuer. Mehrmals springe ich über Arme und Beine hinweg, in der Hoffnung, wie gewünscht zu landen – nicht einfach auf einem rollenden Schiff. Ich streife einen Gast am Unterschenkel. Er murrt und dreht sich weg. Tut mir leid.

Beim Frühstück für unsere inzwischen nur noch 407 Gäste stehe ich bei der Vergabe und hake auf einer Liste die Bracelet-Nummern ab. Jeder bekommt nur ein Essen, würden wir eine Ausnahme machen, würde jeder eine zweite Portion wollen. Die haben wir nicht.

Es gibt weder Käsebrötchen noch Nutella-Toast, sondern Couscous mit einer roten Currysoße und Kidneybohnen. Riecht lecker, auch wenn es nicht ganz mein Ding fürs Frühstück ist.

Ein Jugendlicher versucht, sich dreimal anzustellen. Das fällt selbst meinem verschlafenen Hirn auf. Einerseits unverschämt, aber ich kann verstehen, dass er ordentlich Kohldampf hat, denn groß sind die Portionen leider nicht. Ich würde ihm gerne noch einen Nachschlag geben. Allein dafür, dass er die Chuzpe hat und sich so was traut. Darf ich aber nicht. Keine Ausnahmen.

Die Gäste haben selbst eine Art Lösung gefunden. Sie machen den gesamten Abwasch selbst und nehmen dabei ja immer mal wieder halb leer gegessene Teller im Empfang. Nichts wird weggeschmissen, die Reste schütten sie zusammen und verteilen sie an besonders Hungrige.

»Good morning«, begrüßt mich Muri. »Do you have a new word for me?«

Wir müssen schnell machen, hinter ihm drängeln schon die Nächsten. Alle haben augenscheinlich mächtig Kohldampf.

»FRÜHSTÜCK. That's breakfast in German.«

»FRUKSTUK. That is a strange word, but not as strange as the AIK-thing«, lacht Muri. »FRUKSTUK, FRUKSTUK, FRUKSTUK ...« Er nimmt seinen Teller mit Couscous entgegen und sucht sich ein Plätzchen zum Essen.

Ich schaue ihm nach, bis einige Ungeduldige mich anstupsen, damit ich endlich ihre Nummer abhake.

Kleine Insel, die die Fantasie anregt [29]

Auf dem Weg nach Pozzallo fahren wir an einer kleinen Insel vorbei. Einfach nur ein Berg im Meer. Ich würde gerne wissen, ob dort jemand wohnt. Haben die Affen die Herrschaft übernommen? Oder lebt dort ein friedliches Kollektiv von Menschen, völlig abgeschnitten vom Rest der Welt im Einklang mit der Natur? Kann es das überhaupt geben? Jeder Mensch sät doch automatisch auch Zwietracht. Jeder ist neidisch. Ist eine andere Welt möglich? Eine Welt, in der Seenotretter nicht kriminalisiert und schikaniert werden? Eine Welt, in der man das Soziale oder das Christliche nicht nur im Parteinamen trägt, sondern diese Werte lebt und umsetzt?

Wir sind unglaubliche 100 Prozent *Covid-free. Yes.* Die fehlenden zwei Gäste habe ich mir bei der Frühstücksverteilung geschnappt. Ich musste ja alle Nummern abhaken. Und schon wieder: Nummern. Mehr Nummern als Menschen. Außerdem ist es irgendwie scheiße, dass die Gäste mit Seilen ferngehalten werden, damit man bei der Essensverteilung die Massen kontrollieren kann. Wie Vieh auf der Weide. Und die meisten müssen sich hinsetzen. Wie kleine Kinder werden sie immer dazu aufgefordert. Aber es geht nicht anders, sonst würde Chaos ausbrechen.

Nach dem Frühstück erledige ich kurz etwas auf der Station. Da bricht draußen Jubel los. Und was für einer! Das Schiff wird zum Fußballstadion, in dem soeben drei Tore innerhalb einer Minute geschossen wurden. Canelle dürfte den Gästen verkündet haben, dass uns ein sicherer Hafen zugewiesen wurde und sie bald an Land gehen können. Ich trete vor die Tür. Begeisterungsschreie. Fäuste und Hände in der Luft. Freudentaumel. Lieder werden angestimmt und enden im Gebrüll. Alle sind auf den Beinen, viele tanzen wie wild. Ein kleiner Junge schnappt meine Hand, ein Mädchen zieht Marlene neben mir mit in einen Strudel aus Euphorie und Energie, dem sich auch *Head of Mission* Jan nicht entziehen kann. Mitten in der *Partycrowd* wirft er Arme und Beine von sich und strahlt über das ganze Gesicht. Die Menschen umarmen uns, und wir tanzen in einem großen Kreis. Es ist so schön, ich könnte losheulen vor Glück – und Unglück.

Denn eigentlich ist noch gar nichts gut. Ich kann das große Ganze nicht verdrängen. Viele der Gäste, der Überlebenden, haben vermutlich noch verdammt harte Zeiten vor sich, bis sie tatsächlich mal irgendwo ankommen und eine neue Heimat finden. Sie werden Asyl beantragen, die Menschen aus Syrien und die Minderjährigen, die Kinder, werden es vielleicht bekommen. Vielleicht werden sie auf andere Länder verteilt werden. Aber die Menschen zum Beispiel aus Bangladesch,

Ein sicherer Hafen ist gefunden! [30]

die nicht aus einem Kriegsgebiet stammen, haben doch so gut
wie keine Chance auf Asyl. Man wird sie zurückschicken, nach
sehr langer Warterei und Unsicherheit. Vielleicht werden sie
untertauchen, ohne Registrierung, ohne Pass. Ich traue ihnen
zu, dass sie ihren Weg gehen werden, aber es wird scheiße hart.
Warum kann mein Kopf diese Gedanken nicht verdrängen?
Wenigstens für einen kurzen Moment. Warum kann ich mich
nicht einfach nur freuen, ohne Hintergedanken?

Ich tanze. Gäste umarmen mich, sagen: »Thank you, thank
you!«

»Your crew is the best. I will visit you all in Germany!«,
ruft Mahmoud in mein Ohr. Auch er springt vor Freude und
reckt eine Faust in die Luft.

Ich freue mich für sie, für sie alle. Ich begreife, wofür die
ganze Kraftanstrengung gut war. Und doch ist da diese Düs-

ternis in mir, die nicht verschwindet. Weil sie eben über allem schwebt. Die Menschen wurden gerettet, aber sie befinden sich erst auf der ersten Stufe ihres neuen Lebens. Und die Treppe ist so lang, dass sie in den Wolken verschwindet.

Heute bleibt die Stimmung an Deck ausgelassen. Keine Fights mehr. Wir fahren durch die Straße von Messina, ganz nah am italienischen Festland vorbei, unserem sicheren Hafen entgegen. Morgen früh sollen wir ankommen. Noch ist überhaupt nicht sicher, ob dann alle Gäste von Bord dürfen. Morgen ist Freitag, und ich hoffe, die Behörden in Pozzallo arbeiten nicht so wie die Ämter in Deutschland, wo am Freitag um Punkt 13 Uhr die Rechner runtergefahren sind. Dann müssten einige Gäste übers Wochenende bei uns bleiben.

Hätte die Regierung uns in Palermo anlanden lassen, läge das alles möglicherweise schon hinter uns. Wir haben gestern unweit der Stadt geankert! Warum werden wir so schikaniert? Der Bürgermeister Leoluca Orlando hätte uns mit offenen Armen empfangen, so hat er es sogar auf Deutsch getwittert.

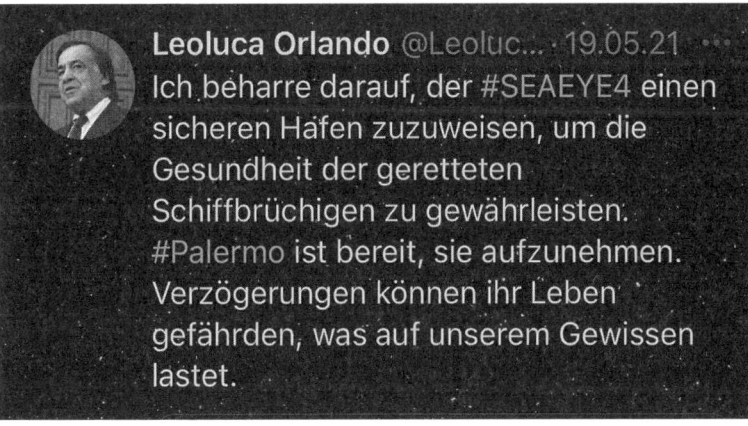

Leoluca Orlando @Leoluc... · 19.05.21
Ich beharre darauf, der #SEAEYE4 einen sicheren Hafen zuzuweisen, um die Gesundheit der geretteten Schiffbrüchigen zu gewährleisten. #Palermo ist bereit, sie aufzunehmen. Verzögerungen können ihr Leben gefährden, was auf unserem Gewissen lastet.

Tweet von Palermos Bürgermeister Leoluca Orlando [31]

Und doch haben uns die italienischen Behörden einfach weitergeschickt. Zwei quälend lange Tage mehr für Menschen, die absolut erschöpft und traumatisiert sind. Was soll das?

Die Straße von Messina ist erstaunlich eng. Drei italienische *Coast-Guard*-Schiffe begleiten uns. Wahrscheinlich wollen die Behörden sichergehen, dass keiner von unseren Gästen ins Meer springt. Das rettende Ufer scheint verlockend nah – tatsächlich ist es aber weiter weg, als man meint. Nicht ungefährlich, besonders wenn man eh schon geschwächt ist. Gerade eben ist wieder ein Gast synkopiert, Schwächeanfall. Der Mann ist einfach aus dem Stand umgekippt. »Medic, Medic!«, hat mein Funkgerät geschrien. Wenige Minuten später öffnete er auf der Liege wieder seine Augen.

Der Ausblick ist gigantisch. Fast alle Gäste betrachten die Küste. Und es gibt Mobilfunk-Empfang, wer ein Handy hat, der zückt es. Ein kurze Nachricht in die Heimat: Ich lebe noch, ich habe es fast geschafft.

Schreit es heraus, bald werden wir da sein. Wenn wir endlich einmal um Sizilien herum sind. Und wer weiß, vielleicht müssen wir dann ja noch mal rum. Und noch mal. Wie bei einem Formel-1-Rennen. Den italienischen Behörden ist alles zuzutrauen.

Crew-Meeting im *Mess Room*. Diesmal fühlt es sich nicht nach Krisenstab an. Stattdessen gibt es Lob, von Jan für uns alle. Zum ersten Mal so richtig. Er sagt, er sei stolz auf uns. Endlich. So albern es ist, es tut gut. Wir können auch stolz sein. Alle Gäste sind einigermaßen stabil. Wir haben die Lage hier irgendwie im Griff. Und das bei diesem krassen Ausnahmezustand. Und bei der Verfassung unserer Crew. Ein Virus geht um, die angeschlagenen Teamkolleginnen und -kollegen schleppen sich tapfer durch den Tag. Laura hat obendrauf noch einen entzündeten Zahn.

So nah und doch so fern: Land in Sicht in der Straße von Messina [32]

Zum Abendessen gibt es Linsen mit Fladenbrot – und es liegt eine gelöste Woodstock-Stimmung in der Luft. Die Sonne geht unter. Die Boombox in der Küche spielt *All Along the Watchtower*.

Und dann erlebe ich den glücklichsten Moment der ganzen Reise. Einfach so. Ausgerechnet beim Abwaschen. In großen schwarzen Plastikbottichen spüle ich mit den Gästen nach dem Essen das Geschirr ab, mitten auf dem Deck. Kinder springen um uns herum, drücken sich an mich, klettern an mir hoch. Dann wollen sie mitmachen, wie die Großen. Ich lehne mich zurück. Ab und zu bespritzt mich eines der Mädchen aus Spaß mit Spülwasser. Ich sehe in zufriedene Gesichter, Gäste und Crew, alle wirken sorglos. Das Leben breitet eine weiche Decke aus und legt sie um meine Schultern. Ich bin glück-

Glücksgefühle beim Abwaschen [33]

lich. Ohne Hintergedanken. So froh, hier zu sein. Genau hier. Lächele still in mich hinein. Diesen Moment möchte ich für immer in mir tragen. Ihn herausholen, wenn ich ihn brauche, mich daran festhalten, wenn ich drohe zu fallen.

Wenig später explodiert es. Die Syrer haben die Herrschaft über die Boombox übernommen. Arabische Klänge, schnelle Rhythmen, wilder Tanz, euphorische Schreie.

»Doctor, come! Doctor!!!« Bevor ich mich wehren kann, werde ich geschnappt und weggezogen von den Spüleimern. Ein junger Syrer nimmt mich auf die Schultern, als wäre ich ein Leichtgewicht.

Sie nehmen uns in ihre Mitte. Aus dem Sie und Uns wird ein Wir. Und wir feiern. In einer brodelnden Mischung aus

Ausgelassene Tänze bei Sonnenuntergang [34]

Loveparade und Punkrock-Moshpit. Aus der Box dröhnen die Beats, wir tanzen und schwitzen. Ein kleines Mädchen lässt mich nicht mehr los, ich hebe es hoch, und es presst sich an mich. Die Läusenissen auf ihrer Kopfhaut sind mir egal, ihr Glück ist mein Glück, und ich halte sie, so lange sie das will.

Nebenan, hinter der geschlossenen Stahltür des *Hospital*, läuft das Kontrastprogramm. Nina hat sich mit einigen Frauen zurückgezogen. Sophie und Guillaume sind auch dabei, zum Übersetzen und Filmen. Die Frauen erzählen dennoch ohne Scheu. Es ist, als hätten sie darauf gewartet, dass sie mal jemand fragt. Gewartet auf die Gelegenheit, der Welt ihre Geschichte zu schildern. Sie berichten von Folter, von Vergewaltigungen.

Dass sie zur Prostitution gezwungen waren, um ihre Flucht bezahlen zu können. Ungefähr 1000 Euro kostete sie ein Platz auf dem völlig überfüllten Holzboot. 1000 Euro. Sie wussten, dass die Wahrscheinlichkeit groß wäre, dass sie bei der Überfahrt sterben würden. Sie nahmen es in Kauf. Sie wollten, sie mussten raus aus Libyen, einfach nur weg, unbedingt.

Es spielte auch gar keine Rolle, ob ein Rettungsschiff in der Nähe war. Davon wussten sie gar nichts. Den Vorwurf hört die private Seenotrettung ja immer wieder, dass die NGOs mit ihren Schiffen erst dafür sorgen, dass die Menschen rausfahren und sich in Todesgefahr begeben. Das ist wohlfeiler, zynischer Bullshit. Keine seriöse Studie kann das belegen. Wenn das Wetter es zulässt, wagen sich die Menschen aufs Meer, Rettungsschiffe hin oder her, oft ist ja lange Zeit kein einziges in der Nähe – und es werden immer weniger, weil viele in europäischen Häfen festgehalten werden. Es sind Terror, Krieg, Folter und Hunger, weshalb sich die Menschen zur Flucht entscheiden und die sie aufs Wasser treiben. Alarm Phone registriert fast jeden Tag Notrufe. Und fast jeden Tag ertrinken Menschen. Selbst wenn Rettung in der Nähe ist, ist ja noch lange nicht gesagt, ob ein Notruf ankommt, ob das Schiff rechtzeitig eintrifft und ein Einsatz gelingt.

Unsere Gäste kannten die Risiken und wären dennoch eher ertrunken, als zurückzugehen. Sie hätten sogar ihre Babys ertrinken lassen.

Ich schaue mir die Interviews später an. Die Aufzeichnungen sind schwer zu ertragen. Immer wieder gibt es Unterbrechungen, weil die Frauen in Tränen ausbrechen und ihre Stimmen ersticken.

Die wummernden Bässe und Freudenschreie draußen bilden einen dumpfen Soundteppich. Die Tür ist nicht abgeschlossen, immer mal wieder reißt jemand sie auf, will eine

FFP2-Maske haben oder den Medics eine Frage stellen. Die sind aber nicht da, sie haben den Raum den Frauen überlassen, die sich von der absurden Interviewsituation nicht stören lassen. Das sind ihre Geschichten.

> *Ich heiße Imani und komme von der Elfenbeinküste. Nachdem mein Genital verstümmelt wurde, hatte ich viele gynäkologische Probleme, große Schmerzen. Meine Periode bekomme ich nur alle paar Monate. Ich wurde gegen meinen Willen verheiratet und habe ein behindertes Kind bekommen, wahrscheinlich weil mir immer in den Bauch getreten wurde. Ich hatte solche Angst, dass mein Ehemann das Kind stiehlt und tötet. Ich bin durch Mali, Algerien und Libyen geflohen. Ich wusste, wie gefährlich diese Flucht werden würde, aber es ging nicht anders. Ich musste weg. In Algerien bin ich an libysche Menschenhändler verkauft worden und wurde in einem libyschen Detention Center zusammen mit meinem Baby gefangen genommen. Ich wurde jeden Tag vergewaltigt und geschlagen. Mein Baby war kurz vor dem Verhungern. Eine Frau in Libyen wird schlimmer als Vieh behandelt.* <

Imani braucht eine kurze Pause. Sie weint. Ich kann mich nicht erinnern, dass ich jemals eine Person so weinen gesehen habe.

> *Die gefährliche Flucht übers Mittelmeer war besser als die Hölle in Libyen. Alles ist besser, als in Libyen zu bleiben. Selbst der Tod. Ich gebe meinen Körper und mein Baby nicht mehr Libyen, sondern lieber dem Meer.* <

> *Ich heiße Nala und komme aus Mali. In Libyen bin ich vor drei Monaten angekommen. Ich habe gesehen, dass viele Frauen an Menschenhändler verkauft wurden. Mir ist das auch passiert, und ich wurde zur Prostitution gezwungen. Ich*

wurde mit anderen Frauen und Kindern in Lagern gefangen gehalten. Ohne Nahrung und Wasser. Selbst die Babys haben kein Essen bekommen. Als wir den Gefängniswärter mal um Essen nur für das Baby angefleht haben, hat er gesagt: › Nein, das ist doch nicht mein Kind.‹ 20 Kinder waren insgesamt in dem Gefängnis. Keine Ahnung, ob eins überlebt hat. Jede Nacht habe ich Schüsse aus Maschinengewehren gehört. Meine Schwester wurde auch in Libyen verkauft, und unsere Familie hat sie nie mehr wiedergefunden. Meine Mutter weint deshalb jeden Tag. Ich ziehe es vor, im Mittelmeer zu ertrinken, als nach Libyen zurückzukehren. Ich wurde von einem der Menschenhändler vergewaltigt, und deshalb bin ich jetzt schwanger. Bei einer Vergewaltigung sind sie immer zu zweit: Einer hält eine Waffe in der Hand, und der andere vergewaltigt einen. Und man wird dabei gefilmt. Ich wurde so oft vergewaltigt, ich weiß nicht, wer der Vater meines Kindes ist. Ich flehe Europa an, den Menschen in Libyen zu helfen. Europa, wenn du was tun kannst, tu es bitte. «

Beide Frauen zeigen ihre Narben. Libyen kann niemals ein sicherer Hafen sein. Libyen ist die Ausgeburt der Hölle.

Draußen geht die Party weiter. Mittlerweile lässt sich auch der echte Doktor fallen. Stefan tanzt in der Menge.

» Das geht einem so ans Herz! «, ruft er.

Es sind schon längst nicht mehr nur die Syrer, die völlig abdrehen. Auch die Menschen aus anderen Ländern machen mit. Sie lächeln und machen Selfies. Ich habe ja schon einige komische Medienpartys und Konzerte erlebt. Aber das hier hat wirklich die Eskalationsstufe der ersten Reihen eines Die-Ärzte-Konzertes. Nationalitäten und Rollen verwischen. Hier sind nach langer, langer Zeit alle eins.

Ich werde sie vermissen. Morgen früh erreichen wir den

Hafen. Ich will gerade nicht, dass sie gehen. Ich habe sie wirklich in mein Herz geschlossen.

Warum muss ich eigentlich diesen guten Moment wieder zerdenken?

Ich hab mal wieder völlig vergessen zu essen. Nun sitzen wir beim späten Mahl in der *Mess*. Die Feierei mussten wir irgendwann stoppen, damit alle noch etwas Schlaf bekommen.

Jan erzählt, was unseren Gästen bevorsteht. Wahrscheinlich werden sie mindestens ein Jahr in italienischen Lagern leben. Um ein bisschen Geld zu verdienen, müssten viele hart arbeiten.

»Denk an die Baumwollplantagen in *Vom Winde verweht*. Statt Baumwolle ernten sie Tomaten und verarbeiten sie. Für wenige Euro am Tag verrichten die Geflüchteten Schwerstarbeit. Sie leben zusammengepfercht auf engstem Raum unter äußerst schlechten hygienischen Bedingungen.« Nichts, aber auch gar nichts sei okay dort.

Wir alle kennen die Bilder aus Moria. Nur ist Moria bei Weitem nicht der einzige Schandfleck. In seinem Umgang mit Geflüchteten zeigt Europa sich von seiner hässlichsten Seite.

Wahrscheinlich sind nicht alle Lager so, und wahrscheinlich ist es dort trotzdem besser als im gesetzlosen Libyen. Alles ist besser als Libyen – wenn man die gesammelten Erzählungen und Interviews hört. Aber allein die Ankunft in Europa beendet den Leidensweg unserer Gäste wohl nicht. Und viele von ihnen werden dann, nach zermürbendem Aufenthalt in den Lagern, doch noch zurückgeschickt.

Möglicherweise war das wirklich einer ihrer letzten glücklichen Abende für lange Zeit. Sie dürfen und müssen dieses Glück kurz festhalten.

Ich aber gehe mit hängendem Kopf in meine Kabine. Und denke an die Kinder, die nicht nur heute extrem geklammert haben. Viele haben von Beginn an auffallend schnell Vertrauen gefasst und unsere Nähe gesucht, zu schnell, zu nah, zu fest, zu eng, zu lang – was man bei Kindern hinnimmt, wer mag sie schon wegschieben? Canelle sagt, ihr extremes Verhalten sei ein Zeichen ihrer Traumatisierung. Ich will nicht wissen, was die schon alles gesehen haben in ihrem kurzen Leben.

In die Koje gekuschelt, sehe ich bei Twitter, dass parallel das Halbfinale des Eurovision Song Contest läuft. Europas Plastik-Pop-Wettbewerb. Realität vs. Scheinwelt. Krank.

Tag 18
Abschied

21. Mai

Aus meinem Bullauge sehe ich die Küste. Wir fahren nicht mehr, wir warten vor den Toren Pozzallos. Bevor ich zu Ende frühstücken kann, nähert sich ein Boot der italienischen Küstenwache und geleitet uns in den Hafen. Die Lotsen weigern sich, an Bord zu kommen, was sonst üblich ist. Angst vor Corona, Angst vor den Gästen? Vielleicht beides.

Viele Gäste sind gerade erst dabei aufzuwachen. Sie liegen eingerollt auf ihren Isomatten, haben sich Mützen oder Tücher ins Gesicht gezogen – gegen die Morgensonne, die aufs Deck glüht. Wir wollten eigentlich noch Frühstück austeilen, doch das geht jetzt nicht mehr, stattdessen bekommt jeder einen Energieriegel zugesteckt.

Die Italiener erwarten uns bereits. Großes Besteck – Polizei, Soldaten, das Croce Rossa Italiana, also das Rote Kreuz, Marsmenschen in Vollschutz. Am Kai haben sie eine Art Empfangsstation aufgebaut – einen Zelttunnel als Schleuse, dahinter Faltpavillons und mit Flatterband abgesperrte Flächen.

Wir legen hinter einer großen weißen Fähre an, deren Seiten maritime dunkelblaue Streifen zieren. Darauf werden die Gäste ihre Corona-Quarantäne verbringen. Sie nehmen diese Aussicht erstaunlich locker auf, manche sind richtig aufgekratzt. An ihrer Stelle hätte ich Angst gehabt, dass mich die Fähre direkt nach Libyen zurückbringt. Doch Canelle ist in Höchstform, sie erklärt in vielen verschiedenen Sprachen, was jetzt passiert, und beruhigt die Menschen, indem sie auf sie eingeht.

Sie übernimmt auch die Kommunikation mit den italienischen Marsmenschen, die an Bord steigen. Mit unserer Hilfe wählen sie im Gedränge die Gäste aus, die als Erstes von Bord dürfen und zur besseren Übersicht ein Armbändchen erhalten: Kinder, Frauen und diejenigen, die uns medizinische Sorgen bereiten. Zum Beispiel der junge Mann in dem grünen T-Shirt mit seinem Husten und der pfeifenden Ausatmung. Er sieht schwach und abgemagert aus. In seine Maske hustend trottet er über die Gangway. Dann sollen die Jugendlichen drankommen.

All die kleinen Kinder, mit denen ich gestern noch wild gefeiert habe, die sich in meinen Arm gekuschelt haben, verlassen nach und nach das Schiff. Wir geben uns ein letztes High Five. Noch einmal drücken sie sich an mich. Ich will sie gar nicht loslassen.

Das Erste, was die Gäste in der Schleuse erwartet, ist ausgerechnet ein Coronatest. O Mann, gefangen im Covid-Test-Loop, dabei haben die Italiener alle unsere Unterlagen bekommen. Kein Vertrauen. Wir beobachten argwöhnisch, dass sie sogar dem Baby ein Stäbchen in die Nase schieben. Es schreit. Ist das wirklich nötig?

An Bord hatten wir uns darauf geeinigt, unter Zwölfjährige nicht zu testen, weil auch wir nur Tests hatten, bei denen der Stab tief in die Nase muss, das wollten wir den Kleineren nicht antun. Stefan und Jan hatten die Entscheidung aus ärztlicher Sicht abgesegnet.

Eine der Schwangeren zuckt weg. Nun stellt sich einer des Test-Teams neben sie und fixiert ihren Kopf, bevor ihr ein anderer das Stäbchen reinsteckt.

Nach dem Test werden die Menschen weitergelotst zu einem Tisch, hinter dem die italienischen Offiziellen mithilfe von Frontex ihre Daten aufnehmen, sie fotografieren, ihre Fingerabdrücke scannen und sie abtasten. Schließlich müssen unsere Gäste in einem Flatterband-Karree auf einen Bus warten, der sie davonfährt. Wohin nur? Wo doch das Quarantäne-Schiff gleich nebenan liegt.

Es fühlt sich seltsam an. Nach und nach verschwinden sie. Einfach so. Ich wünsche ihnen so sehr, dass es in den italienischen Lagern nicht ganz so finster wird, wie Jan gestern erzählt hat. Ich empfinde so viel Wärme für die Menschen. Ich hoffe, dass sie nicht irgendwo obdachlos auf der Straße landen. Ich möchte, dass sie in Würde leben können. Dass andere sie vorsichtig behandeln, weil doch ganz klar ist, welchen Horror sie schon erlebt haben.

Ich freue mich einerseits, dass wir unser Versprechen wahr machen konnten und sie sicher an die europäische Küste gebracht haben. Weg von Krieg und Folter. Andererseits bin ich traurig, dass ich sie ziehen lassen muss. Für wenige Tage waren sie mein Leben. Klammheimlich wünsche ich mir: noch einen Tag. Noch einen Tag ein bisschen besser kennenlernen. Noch einen Tag unsere besondere Verbindung spüren.

Ich sehe, wie der Syrer an Land geht, der mich gestern noch auf seine Schultern genommen hat. Und weg. Mach es gut. Danke für deine Zuwendung. Danke für dein Danke. Nicht ich habe hier etwas Mutiges gemacht, du warst das. Du hast dein Leben aufs Spiel gesetzt. Du hattest keine andere Wahl. In deinem Land ist Krieg. Du wolltest, du musstest weg. Du

Sicherheitscheck an Land [35]

bist geflohen vor dem Tod in deinem Land. Und dafür musstest du durch die Hölle gehen. Ich hoffe, du hast gemerkt, dass
nicht alle Menschen dich bedrohen. Dass es einige gibt, die
dem Menschen kein Wolf sind. Ich hoffe, du konntest bei uns
eine Form von Normalität spüren und etwas zur Ruhe kommen. Wir waren eine Gemeinschaft. Gäste und Crew. So viele
Nationalitäten. Ich hoffe, das gibt dir Mut. Danke, dass du mir
vertraut hast. Gib dieses Vertrauen in die Menschen nicht auf.
Es gibt nicht nur wenige von uns. Wir sind die Mehrheit.

Muri ist dran.

»Alles Gute – this is the last lesson in German«, sage ich.
»ALLES GUTE, Muri.« Bevor er etwas antworten kann,
nehme ich ihn in den Arm. »You will make it. I hope, you'll
find everything you wished for.«

»Goodbye, doctor. Thank you so much for everything.«

Schweren Herzens lasse ich ihn los. Muri, du wirst deinen Weg gehen. Wenn es einer mit seiner Offenheit und seiner Lust nach Wissen packt, dann du.

So fühlt man sich vielleicht, wenn das eigene Kind irgendwann aus dem Haus auszieht. Dabei waren es hier nur wenige Tage. Verrückt.

Muri. Nennt seinen Namen. Und definiert ihn nicht nach seiner Herkunft, nach seinem Status. Er heißt Muri und ist ein Mensch.

Erst schien es so schnell zu gehen, jetzt verläuft alles schleppend langsam. Es ist frustrierend, wie viel Zeit sich die Polizisten und der Rest der Covid-Beamten-Armee lassen. Wie die Prozedur immer wieder stoppt und zwischenzeitlich ganz zum Erliegen kommt.

Besonders wenn man weiß, wie wir das in den letzten Tagen mit deutlich weniger Leuten gewuppt haben. Wie wir zu dritt 408 Menschen medizinisch untersucht und betreut haben. Wir waren gezwungen, strukturiert und effizient zu arbeiten – sonst wäre heilloses Chaos ausgebrochen. Und wir waren bis an die Grenzen der Selbstausbeutung immer verfügbar, haben tatsächlich zu jedem Hilfsgesuch Ja gesagt. Das hat Kraft gekostet, aber es war der einzige Weg, diese Rettungsaktion zu stemmen.

Nachdem der 178. Gast von Bord ist, ist Schluss. Die Italiener machen Mittagspause – und die zieht sich.

»Those fuckers«, sagt Guillaume. Er vermutet, dass die italienischen Behörden uns extra zappeln lassen.

Mich beschleicht das ungute Gefühl, dass es heute doch nicht alle von Bord schaffen werden. Morgen ist Samstag. Ich bin mir nicht sicher, ob die Behörden für uns ihr Wochenende opfern oder ob sie erst am Montag zurückkehren.

Die *Sea-Eye 4* sieht aus wie nach einer heftigen Party, was ja auch nicht so weit hergeholt ist. Überall liegen Plastikflaschen, FFP2-Masken und zerfetzte Rettungsdecken herum, wie goldenes Lametta. Die noch nicht abgefertigten Gäste hocken oder liegen auf dem Stahlboden. Laura und Tine haben noch einmal schnell für sie gekocht, Linsen und Reis.

Auch die Crew sitzt auf dem Boden. Erschöpft. Die tief liegenden Augen rot, wo eigentlich Weiß sein sollte. Hangover. Die Gäste merken, dass auch wir verzweifelt sind und nicht verstehen, warum es nicht schneller geht beziehungsweise überhaupt nicht weitergeht.

»We don't know«, ist unsere Antwort. Immer wieder. Wir wissen nicht, warum »those fuckers« nicht schneller machen.

Immerhin ist Zeit, unserem *Great Guy from Great Britain* zum Geburtstag zu gratulieren. RHIB-Driver Patrick aka Klaus wird irgendwas Mitte 20.

»I don't like birthdays«, sagt er mir trocken.

Ihm zu Ehren soll es heute Abend Fish 'n' Chips für die Crew geben. Lang lebe das Klischee. Wenn die anderen nur wüssten, dass Klaus Würstchen mit Sauerkraut sicher lieber gewesen wären. Aber er wird darüber hinwegkommen. Dürfte ja eh nicht sein richtiger Geburtstag sein heute.

Nach drei Stunden »Mittagspause« geht es weiter, wenn auch quälend langsam. Mittlerweile ist es dunkel geworden. Ein Käppi taucht auf. Da ist Tay aka 50Cent in seinen neuen Hip-Hop-Klamotten. Ich strecke ihm meine Faust entgegen, und er gibt mir einen Fistbump.

»I will pray for you and your family, Doc.«

Er blickt mich so erleichtert an. Ich werde auch an ihn denken. Beten ist allerdings nicht so meine Stärke.

229 ungeduldig wartende Gäste sind noch übrig, dann ist

endgültig Schluss. Die Busse verschwinden. Das Medizin-Team, das Rote Kreuz, die Beamten packen ihre Sachen und ziehen ab. Zurück bleiben sechs Polizeiwagen und das Schiff der Küstenwache, das schon den ganzen Tag über unsere Steuerbordseite bewacht hat.

Unsere Brücke bekommt den Befehl, dass wir ablegen und zurück aufs offene Meer fahren sollen. Offenbar haben die Behörden Angst, jemand könnte von Bord flüchten und ihnen entgehen. Ein Wahnsinn. Das ist nicht nur Schikane, sondern extrem gefährlich. Wir nämlich haben Angst, dass die 229 Gäste Panik bekommen und einfach ins Meer springen, um selbst an Land zu schwimmen. Unser Kapitän schreibt eine Mail, dass er der Anforderung nicht folgen kann und sie aus Sicherheitsgründen ablehnt. Dieser rumänische Teufelskerl. Ich liebe ihn dafür.

Er setzt sich durch. Wir dürfen im Hafen bleiben. Morgen soll die Registrierung weitergehen. Angeblich.

Spät am Abend beglücken unsere Köchinnen die völlig erledigte Crew tatsächlich mit Fish 'n' Chips – minus Fish für Leute wie mich. Aber auch Pommes mit Ketchup haben etwas Tröstliches.

Die Bettencontainer sind jetzt frei, doch keiner der verbliebenen Gäste hat sich in sie zurückgezogen. Sie liegen auf ihren vertrauten Schlafplätzen auf dem Stahl des unteren Decks oder dem Holz des Sonnendecks. Der Mensch braucht Struktur, irgendeine Struktur, an der er sich festhalten kann.

Wir verstärken unsere *Nightwatch,* damit auch wirklich nichts passiert in dieser Nacht. Zu viert passen wir auf und wechseln alle vier Stunden. Die Gäste haben es erstaunlich ruhig aufgefasst, als Canelle ihnen erklärte, dass es erst morgen weitergehen wird.

Aber ein Syrer raunte mir zu: »If it doesn't happen tomorrow, I will jump und flee.«

171

Ich hoffe, dass das nicht nötig sein wird. Diese Menschen haben es so sehr verdient, dass ihre Rettung nicht in letzter Sekunde noch zu einem großen Drama wird.

Danke, liebe italienische Behörden. Für nichts.

Abschied II

22. Mai

Stefan ist unruhig. Mit verklebten Augen spähe ich auf mein Handy. Es ist 5 Uhr. Warum macht der denn schon jetzt solchen Radau?

» Ich kann ja schon mal Frühstück für alle machen. «

Bewundernswert. Ich kann mich kaum bewegen. Alles schmerzt. Mein Körper braucht Schlaf. Kriegt er aber nicht. Schlafentzug für einen guten Zweck.

Beim Frühstück zeigt mir ein Syrer seine Narben. Das Knie ist völlig deformiert. Eine Narbe verläuft vom Oberschenkel über das kaputte Knie bis zur Mitte des Unterschenkels.

Ich weiß, wir sollen nicht fragen, aber ich tue es trotzdem, ganz vorsichtig und leise: » What happened? «

Er gibt mir nur ein Wort als Antwort: » Libya. «

Die Registrierung läuft tatsächlich wieder an. Zwischen 7 und 8 Uhr wurde uns angekündigt. Gegen 9 Uhr legen die Italiener los. Und es geht deutlich schneller voran als gestern.

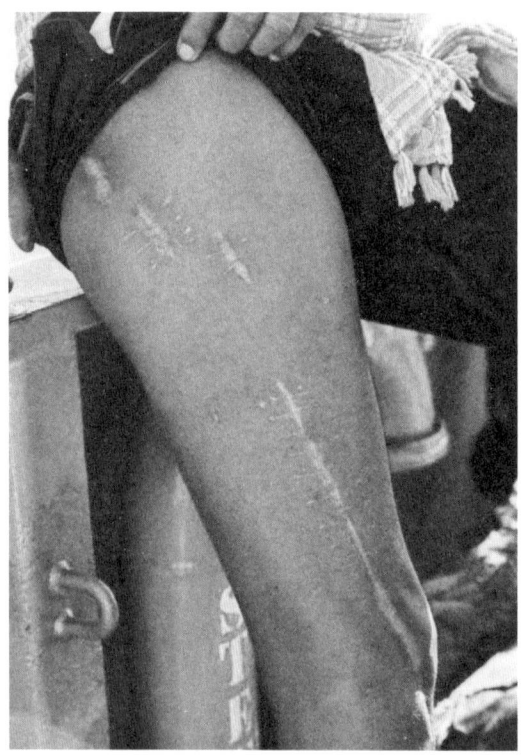

Ein vernarbtes Bein [36]

Ich stehe an der Gangway, als die Ersten an Land gehen dürfen. Ich umarme sie. Fest. Und plötzlich kommt ein Gefühl hoch. Wir hätten mehr retten können. Warum haben wir nicht mehr gerettet? Hätten wir nicht über 500 Menschen unterbringen können? Okay, dann wäre es noch viel enger geworden, aber es wäre doch eventuell möglich gewesen. Wir hätten zwar viel mehr kochen müssen. Noch mehr Menschen medizinisch versorgen müssen. Noch mehr Covid-Tests machen. Argh. Aber es wäre möglich gewesen. Warum haben wir nicht noch mehr Menschen aus dem Wasser gezogen? Ein paar mehr wären doch möglich gewesen. Nur ein paar mehr.

Sinnlose Gedanken. Uns hatte kein Notruf mehr erreicht. Außerdem zog eine Schlechtwetterfront heran. Es war richtig, die Suche nach einem sicheren Hafen zu beginnen.

»I will never forget you«, sagt ein Gast aus Bangladesch zu mir. Er scheint es wirklich ernst zu meinen. Ich fühle seine Dankbarkeit. Ihm steigen Tränen in die Augen. Mir auch. Auch ihn drücke ich fest an mich. Jeden drücke ich jetzt an mich. Ob er will oder nicht. Mein Herz fließt über.

Das Schiff leert sich. Zurück bleibt ein Teppich aus Decken, Isomatten und Schlafsäcken, dazwischen funkeln zerknüllte Rettungsdecken, in die sich die Gäste in den kalten Nächten auf See eingerollt haben. Auf einmal ist Platz, wie bei einem schlecht besuchten Konzert, zu viele Lücken. Man kann sich wieder frei bewegen, ohne Angst haben zu müssen, jemandem auf den Kopf zu treten.

»Fly away on my zephyr«, tönt es aus der Boombox der Gästeküche. Red Hot Chili Peppers. Die Gäste fliegen davon, einer nach dem anderen.

»I will never forget what you have done. Thank you all for saving my live. And don't forget: I will visit you in Germany«, verabschiedet sich Mahmoud. Wenn es denn so wäre. Wenn er es nur nach Deutschland schaffen würde. Mach es gut, Mahmoud.

Ich bin nicht der Einzige, der sentimental ist. Auch die anderen Crewmitglieder drücken jeden, bevor er uns über die Gangway verlässt. Marlene. Sophie. Jan. Eddie. Liviu. Ein bisschen gemein ist das schon, gestern haben wir bei der ganzen Anstrengung und Anspannung nicht alle so überschwänglich verabschiedet. Dafür haben die Nachzügler noch eine Nacht bei uns auf hartem Boden verbringen müssen. Vielleicht ist das die ausgleichende Gerechtigkeit.

Keiner wird ohne Umarmung von Bord gelassen. [37]

Auch Stefan steht Spalier.

»Das macht mich völlig fertig«, sagt er gerührt.

»Sag mir, wo die Männer sind, wo sind sie geblie-ieben?«, schallt es plötzlich aus der Box. Kein Witz. Wessen Playlist ist das eigentlich?

Der Vorletzte geht über die Gangway. Dann der Letzte. Zum Abschied noch ein Foto. Dann ist er weg.

Das italienische Covid-Team kommt an Bord und bittet jeden von uns zum Coronatest. Dann sind auch sie weg.

Und jetzt?

»I give you five minutes. After that you have to take all the life jackets. You put them in the big bags and store them in the containers«, ruft Josh, und Jan nickt bestätigend. Alle Rettungswesten in Säcke und dann in die Container. Nicht ihr Ernst. Kein Jubel? Keine Dankesrede? Nicht mal ein kurzes gemeinsames Freuen über die erfolgreiche Mission? Nein. Vielleicht auch, weil man das, was unseren Gästen bevorsteht, nicht wirklich feiern kann.

»Das geht ja gar nicht. Ich dachte, jetzt geht hier die Party ab«, grummelt Tine, verschwindet in der Kombüse und dreht die Musik lauter.

»We don't need another hero!«, röhrt Tina Turner.

Auch dieser Song trifft es. Unsere Chefs haben ja recht. Wir sollten uns nicht als Helden fühlen. Wir haben einen Job gemacht – und jetzt wird weitergearbeitet. Das Feiern kommt später. Vielleicht. Hoffentlich. Ich finde schon, dass wir uns einen Moment der Freude verdient haben. Für all das, was wir erreicht haben. Nur ein kurzer Augenblick würde mir reichen. Auf die Crew. Die allerbeste Crew.

Die allerbeste Crew räumt jetzt Rettungswesten, Decken und Schlafsäcke weg, sie entmüllt, fegt und schrubbt das Deck. Völlig fertig setze ich mich auf ein paar Seile, nur ein kurzes Päuschen, nur kurz die Augen schließen, ganz kurz – und schon bin ich eingenickt. Marlene weckt mich. Weiter geht's.

Währenddessen rattern die Ankerketten, und die Motoren fangen an zu dröhnen. Wir müssen ablegen und unsere Quarantäne vor den Hafentoren Pozzallos antreten.

Da ist er, der Dank. Spät, aber schön. Um 20 Uhr werden wir alle spontan in die *Mess* gerufen. Jan sieht uns in die Augen und sagt, dass dies für ihn der bisher beste Einsatz gewesen sei. Josh fügt hinzu, dass es für ihn nicht der beste, aber der effektivste und schnellste Einsatz gewesen sei. Er hat sich für den Abend extra ein weißes Hemd angezogen und sieht aus, als würde er gleich noch schick essen gehen.

Alle trommeln mit den Fäusten auf den Tisch. Aus Leib und Seele brüllen wir: »SEA-EYE 4 – 21 – 01!«

Und dann die Überraschung: Es wird ein Dosenbier für jeden herumgereicht. Wo auch immer die hergekommen sein mögen. Da bricht große Freude aus, besonders bei den drei Maschinisten.

Zur Krönung bringt Jan sogar folgende Worte über die Lippen: »Tomorrow you'll have a day off. And now ... Party!«

Es ist also doch so gekommen, wie es sein sollte. Vielleicht war ich einfach zu ungeduldig. Es gibt die von Patricks Geburtstag übrig gebliebenen Pommes, dazu Sojawürstchen und Salat.

Und morgen: frei? Wirklich? Kann ich mir gar nicht mehr vorstellen. Meine Maschine ist so hochgefahren, dass ein freier Tag wie eine Bedrohung klingt. Wie ist das möglich? Einfach nichts tun. Nicht funktionieren müssen? Kann ich das überhaupt?

Die Party entpuppt sich als kleines Sit-in draußen auf dem Deck. Wir spielen »Uno«, in der beidseitig bedruckten »Flip«-Version.

Nicht alle sind da, einige sind einfach schnell ins Bett gegangen. Ein bisschen enttäuschend, aber ich kann es verstehen. Noch immer sind viele angeschlagen.

Morgen werde ich einfach den ganzen Tag in der Kabine bleiben. Mich zurückziehen. Ab in die Höhle. Und Musik hören. Green Day an, *Wake Me Up When September Ends.*

Tag 20
Sonntag

23. Mai

Höhle. Statt 6 ist es 10 Uhr. Das war ja fast schon ein Aus-schlafen. Ich wage mich hinaus aufs Deck. Die Luft duftet nach Urlaub, das Wasser ist klar und lässt seine Tiefe erahnen, silberne Fische gleiten vorbei, eine Riesenqualle dreht ihre Runden. Ich sauge alles auf, wie es leuchtet und glitzert, jedes Detail scheint mir bedeutsam. Nichts davon will ich verges-sen.

Die großen Schiffsmotoren stehen still, nur einer der Gene-ratoren im vorderen Maschinenraum brummt, damit wir Strom und Leitungswasser haben. Leben retten? Nicht mehr möglich. Selbst wenn wir alle nötigen Vorräte an Bord hätten, um wieder Richtung Libyen zu fahren: Wir dürfen hier nicht weg, behördlich verordnet. Nach zwei Wochen Quarantäne müssen wir zurück in den Hafen, dann kommen Inspekteure zur sogenannten Port State Control auf die *Sea-Eye 4* und ent-scheiden über die Weiterfahrt.

14 Tage Quarantäne. Obwohl wir gestern alle – Besatzung

und Gäste – von den Italienern negativ getestet wurden. Obwohl ich schon längst geimpft bin. Das ist so 2020. Niemand muss mehr auf bloßen Verdacht zwei Wochen in Quarantäne. Und wenn, dann kann man sich nach 5 Tagen freitesten. Selbst unsere Gäste müssen nur maximal zehn Tage in Quarantäne. Warum sollen wir jetzt ganze zwei Wochen hier ausharren? Für Handelsschiffe gilt das auch nicht, nur für die private Seenotrettung. Das ist absurd. Reine Schikane. Und es grenzt an Freiheitsentzug.

Bis wir dann wirklich von Bord können, dürfte es noch länger dauern. Heute ist Sonntag. In zwei Wochen ist wieder Sonntag. Den abschließenden PCR-Test gibt es im Hafen erst wieder zu Wochenbeginn. Dann müssen wir auf das Ergebnis warten. Drei Tage vielleicht. Oder drei Jahre. Die Behörden lassen sich garantiert noch was einfallen, um uns zu ärgern.

Auch die *Sea-Eye 4* wird wohl lange nicht mehr zum Einsatz kommen. Die Inspekteure der Hafenstaatkontrolle finden bestimmt jede Menge fadenscheiniger Mängel. Bei der *Alan Kurdi* waren, wie gesagt, die Sanitäranlagen angeblich nicht ausreichend für so viele Gerettete. Ja, wie denn auch?! Nichts ist ausreichend, wenn das Schiff komplett überladen ist mit Menschen. Die *Alan Kurdi* wurde monatelang festgesetzt. Der *Sea-Eye 4* könnte das Gleiche bevorstehen. Zu wenig Klos, zu viele Rettungswesten, was auch immer. Dass sie dann auch noch im Hafen von Pozzallo liegt, macht die Sache nicht besser, im Gegenteil, das ist dramatisch. Hier gibt es keine richtige Werft. Ersatzteile und Ausrüstung für eine weitere Mission kann man nicht kaufen, die müssen dann erst quer durch Sizilien bis in diese hinterletzte Ecke der Insel transportiert werden. Was die Zeit bis zum nächsten Einsatz noch mal verlängert. Aber das wissen die Italiener bestimmt. Es ist so durchschaubar. Und frustrierend.

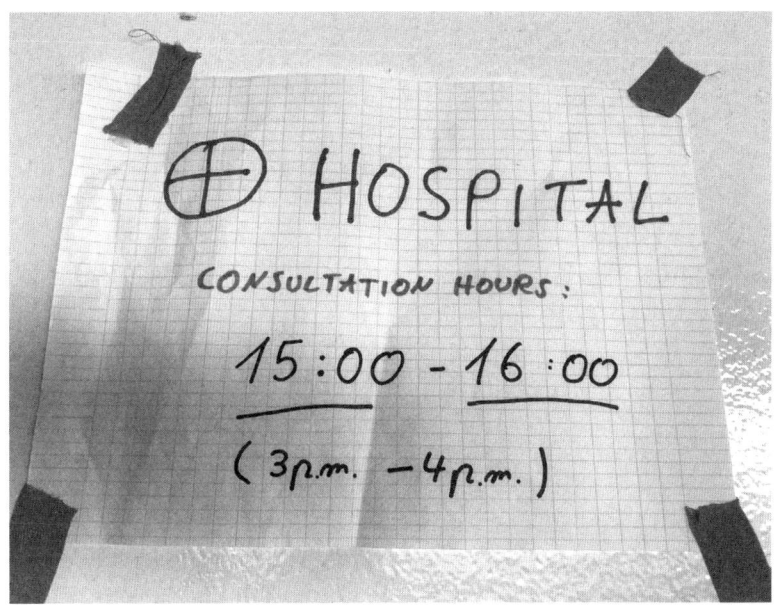

Ein frommer Wunsch [38]

Als ich an der Krankenstation vorbeigehe, fällt mir auf, dass da immer noch unser selbst gemaltes Schild an der Tür klebt: »Consultation hours: 15:00–16:00«. Ich muss grinsen. Eine Stunde Sprechstunde am Nachmittag. Hatten wir uns am Anfang so überlegt.

Ein Müsli im *Mess Room*, dann verziehe ich mich wieder in die Koje. *Day off.*

Tag 21
Lucky bastards

24. Mai

»Du elender N*fänger*«, schreibt mir einer auf Instagram. Seitdem ich meinen Einsatz auf der *Sea-Eye 4* gepostet habe, erreichen mich so viele Hassbotschaften wie noch nie. Seenotrettung polarisiert, sie provoziert und lockt bei vielen den heimlichen Rassisten aus der Deckung. Diskutieren ist zwecklos – inzwischen blocke ich diese Leute alle.

Ich schlüpfe in meine Badehose. Die Crew ist verabredet zum gemeinsamen Bad im Meer. Josh, Arnaud, Tine und Canelle prusten schon zwischen den Wellen.

»Come on, everybody! It's so nice!«, rufen sie.

Ich stelle mich an zum Sprung, zwei Meter sind es wohl vom Deck runter ins Wasser. Los, trau dich, einmalige Gelegenheit. Zwei Schritte Anlauf, Sprung. Kerzengrade tauche ich ein. Und unter. Stille. Maschinenlärm, Wind, Rufe, Gespräche,

---

* Editorischer Hinweis: Die Schreibung dieses Wortes wurde nachträglich verändert.

Musik – alles auf Halt. Dunkelheit. Sonne, Farben, Eindrücke, Erinnerungsfetzen – alles verschluckt. Spüre nur das Prickeln der Luftblasen und dann die Kälte, das Herz macht einen Sprung, die Lunge drückt, und ich stoße mich hoch, nach oben, an die Luft. Das Wasser zieht an mir, die Strömung ist unerwartet stark, ich muss schwimmen, um auf der Stelle zu bleiben. Vor dem Bug des Schiffs spannt sich schräg die Ankerkette. Ich nehme alle Kraft zusammen, arbeite mich zu ihr vor und halte mich fest. In dem Moment weicht die Welle, und es ist, als würde die Kette emporgehoben und ich mit ihr, aus dem Wasser heraus. Die Schwerkraft greift, und ich klammere mich erschrocken mit Armen und Beinen fest, um nicht heruntergerissen zu werden. Dann baut sich die nächste Welle auf und erlöst mich. Noch zwei, drei Mal dieses Spiel, dann lasse ich mich voller Respekt vor der Gewalt der Fluten zurücktreiben zur rettenden Strickleiter.

Oben auf dem Sonnendeck, wo sich vor Kurzem die Gäste drängeln mussten, sieht es jetzt aus, als wäre Yogastunde. Ich lege mein Handtuch und mich dazu. In der Schwerelosigkeit des Wassers ist alles von mir abgefallen, der Druck, der Stress, die Angst und Erschöpfung, aufgeweicht und weggespült. Ich strecke alle viere von mir und lasse die Ruhe nachklingen.

Am Nachmittag versammeln sich alle in der *Mess*. Wir nutzen die tote Quarantänezeit nicht nur für das Aufräumen des Schiffs. Auch innerliches Aufräumen gehört zu einer Mission, darüber reden, was geschehen ist, aufarbeiten, was gut lief – und was besser laufen könnte.

Jan fordert uns zum Reden auf, aber ich weiß gar nicht, was ich sagen soll. Sie begleiten mich inzwischen überallhin, die Bilder der vergangenen Tage, blitzen auf und verschwinden wieder, vergeblich versuchte der Kopf bislang, die Gedankenströme zur ordnen, ein Fazit zu ziehen.

Ich finde es noch immer unglaublich erschütternd, dass wir 150 Kinder und Jugendliche an Bord hatten, davon der größte Teil unbegleitet. Der Schulausflug der Ägypter. Muri. Amidou.

Ich plage mich mit dem Gedanken, ob wir nicht mehr Menschen hätten retten können, vielleicht sogar hätten retten müssen. War unser Boot wirklich voll?

Und doch, das Erste, was mir über die Lippen kommt, ist Dank. Dank an alle für ihren übermenschlichen Einsatz.

» Thank you all for your incredible work. I'm so proud of you!«

Den anderen geht es ähnlich. Der Raum ist erfüllt von gegenseitiger Anerkennung – und dem Erstaunen über unser verdammtes Glück.

» We were lucky bastards «, sagt Patrick.

Nicht auszudenken, wenn sich zu Beginn der Reise unser Kurs nicht zufällig mit dem der *Alan Kurdi* gekreuzt hätte – genau in dem Moment, als unsere Frischwasseranlage ausfiel! Ohne das Ersatzteil hätten wir im Grunde gleich umkehren können.

Was für ein Glück auch, dass das Wetter vergleichsweise ruhig geblieben ist. Ich will mir nicht ausmalen, wie es unseren 400 Gästen bei Sturm ergangen wäre, wenn die Wellen bis über die Bordwand gepeitscht hätten und ununterbrochen kaltes Wasser über den Stahlboden geschossen wäre. Viel mehr Seekranke, Erkältungen, vielleicht sogar Knochenbrüche – wir wären überfordert gewesen. Und erst die Rettungen selbst, wie wären die bei höheren Wellen verlaufen? Lebensgefährlich, auch für die RHIB-Crews.

Und dann die RHIBs. Beide haben durchgehalten, obwohl sie immer wieder Luft ließen und am Ende sogar Wasser in ihnen stand.

Auch die Begegnungen mit der libyschen » Küstenwache « hätten anders ausgehen können. Wenn bei der einen Rettung nicht nur einige wenige aus Angst vor den Milizen ins Wasser gesprungen wären, sondern viele. Eine Massenpanik hätten unsere RHIB-Crews kaum bewältigen können.

Und ich bin froh, dass wir nicht reanimieren mussten. Alle, die im Wasser waren, haben wir rechtzeitig herausgezogen. Alle Patienten, die schwach zusammenbrachen, konnten wir stabilisieren. Auch das acht Monate alte Baby hat überlebt. Saad, der Syrer mit dem Herzleiden, den die Italiener per Med-Evac abholten, ist raus aus dem Krankenhaus, erzählt Canelle. Die hochschwangere Lisha wiederum ist in eine Klinik gebracht worden, nachdem es ihr in Pozzallo zusehends schlechter gegangen war. Nun wird sie professionell versorgt.

Die Leichensäcke in unserem Lager blieben unausgepackt.

Am Abend, in der Kabine, gebeugt über meinen Laptop, stehen die Gedanken nicht still. Was haben diese Wochen mit mir gemacht? Zweifellos bestärken sie mich in meinem Weg, in der Entscheidung, etwas hinzuschmeißen, um mich für etwas anderes einzusetzen, professionell. Für das Leben. Wo immer ich kann.

Wie jede existenzielle Erfahrung rückt auch diese hier gerade, was eigentlich wirklich wichtig ist und was nicht. Womit ich meine Zeit verplempern möchte und womit lieber nicht. Wem ich meine Aufmerksamkeit schenke und wem nicht.

Und natürlich ist mein Blick geschärft für die zivile Seenotrettung. Ich war immer dafür, aber was sie bedeutet, habe ich jetzt erst begriffen. So gnadenlos, wie die Lage staatlicherseits im Mittelmeer ist, formt die private Seenotrettung gerade die absolute Basis für einen menschlichen Umgang miteinander: Ist jemand in Lebensgefahr, muss ihm oder ihr geholfen werden. Da gibt es nichts zu diskutieren. Nicht ohne Grund ist in einem Rechtsstaat unterlassene Hilfeleistung strafbar.

Und doch ist sie nicht die Lösung. Es bräuchte sie ja gar nicht, wenn die europäischen Staaten endlich mal der Realität ins Auge blicken würden. Flucht und Migration gibt es, seitdem es Menschen gibt. Dass es Menschen dahin zieht, wo das Leben gut und sicher zu sein scheint, also auch ins reiche Europa, das wird nicht einfach enden, nur weil wir Stacheldrähte hochziehen, Elendslager errichten und verbrecherische Milizen für uns einspannen. Allein wegen des Klimawandels werden viele ihre Heimat verlassen. Und wir tragen die Verantwortung, wir haben die Klimakrise geschaffen, Tonnen von CO_2 produziert, den Menschen in Afrika ihre Ressourcen gestohlen. Allein deshalb müssen wir endlich unsere unsäglichen Abschottungsversuche beenden – und sichere Fluchtwege schaffen. Punkt. Alles andere betrachte ich inzwischen als menschenverachtend und zutiefst rassistisch. Man stelle sich vor, Tag für Tag würden weißhäutige Leichen an die nordafrikanischen Küsten zurückgespült. Würde dann irgendjemand bei uns sagen, das sei schon gut so, dass die nicht gerettet wurden, damit andere von der tödlichen Überfahrt abgeschreckt werden?

»Jeder Mensch hat das Recht auf Leben, Freiheit und Sicherheit der Person.«

Allgemeine Erklärung der Menschenrechte, ARTIKEL 3

DANACH

Tag 22 bis 25
Nachrichten

26. bis 28. Mai

» Today, we have a lot of work to do. «

Es hört niemals auf.

» The less the officials can object to, the earlier *Sea-Eye* is ready to save lifes again! «, versucht Josh uns zu motivieren. Das Schiff soll auf Hochglanz poliert werden, damit die Beamten bei der Hafenstaatkontrolle nichts zu beanstanden haben.

Maler- und Wartungsarbeiten. Inventur im *Hospital,* Inventur überall. Kühlschranktemperaturen kontrollieren und Rettungswesten waschen. Die grünen Riesenmotoren im Maschinenraum vom Öl befreien. Abgelaufene Lebensmittel und Medikamente aussortieren. Ständig Küchen- und Putzdienste. Und Rost klopfen. Einer hämmert immer. Das rhythmische Schlagen, Metall auf Metall, dröhnt durchs ganze Schiff. In der Krankenstation ist es kaum auszuhalten.

Eigentlich wollen wir Leben retten. Aber das dürfen wir nicht mehr. Ich finde es auch nicht so einfach, damit klarzukommen. Das, was ich gut kann und wofür ich überhaupt mitgefahren bin, nämlich Menschen medizinisch zu versorgen, ist nicht mehr gefragt. Sinn und Antrieb sind verloren gegangen, auch wenn die anderen Arbeiten natürlich ebenfalls wichtig sind, vor allem wenn man das große Ganze betrachtet. Dennoch: Der langsame Abschied von der Mission hat begonnen. Es fällt schwer loszulassen. Aber wir alle müssen das jetzt akzeptieren.

Eine unangenehme Nachricht spricht sich rum: Ohne es zu ahnen, hatten wir einen Tuberkulose-Fall an Bord. Der Patient mit dem grünen T-Shirt, den wir mit als Erstes an Land geschickt hatten, ist positiv getestet worden. Ein junger Mann, abgemagert und schwach. Stefan hatte ja schon so etwas geahnt und ihm wegen der auffälligen Lungengeräusche ein Antibiotikum verabreicht. Nun wurde eine offene Tuberkulose diagnostiziert – hochansteckend. Die Lungenkrankheit verbreitet sich über Aerosole, und im Rettungsdienst fahren wir solche Patienten nur im Vollschutz. Shit.

Noch eine Wahrheit kommt ans Licht. Jan hat zugegeben, dass er den Satz » Das war der beste Einsatz, den ich je hatte « nach *jedem* Einsatz sagt. Ganz schön mieser Bauchpinsel-Trick, auf den wir alle reingefallen sind. Wie Bands, die ihrem Publikum jedes Mal aufs Neue erzählen, dass es das beste Publikum aller Zeiten sei – was Fans natürlich gerne glauben. Wobei, einmal muss dieser Satz ja stimmen.

Guillaume hat aber doch eine Besonderheit festgestellt. Er war ja schon bei vielen verschiedenen Rettungsmissionen unterschiedlichster NGOs dabei. Aber wir seien die erste Crew gewesen, bei der es untereinander keine Konflikte und Fights gegeben habe. So viel Harmonie habe er noch nie erlebt. Darauf ein » SEA-EYE 4 – 21 – 01 ! «.

Erleichterung macht sich breit. Unsere Tage vor Pozzallo sind gezählt. Nach etlichen Anwaltstelefonaten und tagelangem E-Mail-Hin-und-Her zwischen Sea-Eye und den Behörden erhalten wir die offizielle Erlaubnis, unsere Quarantäne vor Palermo fortzusetzen. Eine Port-Control-Inspektion steht dort zwar ebenso an, aber sollte die *Sea-Eye 4* festgesetzt werden, sind die Arbeitsbedingungen für unsere Werftleute deutlich besser und Ersatzteile leichter zu bekommen, sodass das Schiff schneller wieder einsatzbereit ist.

Ich verabschiede mich von Quallen und Fischen und der schimmernden Tiefe. Wir fahren zurück, wieder dauert es zwei Tage, in umgekehrter Richtung geht es durch die Straße von Messina. Auch der Ätna ist backbord zu sehen. Wie ein großer Schatten zeichnen sich seine Umrisse am Horizont ab. Ich bin der Herrscher dieser Insel, sagt der Vulkan. Wenig später taucht der Stromboli auf. Er ist nicht so imposant wie der Ätna, dafür ist er merklich aktiv und raucht. Hahnenkampf der egozentrischen Vulkane.

Der Fahrtwind kann es nicht kaschieren, die *Sea-Eye 4* müffelt, nein, sie stinkt. Es kommt vom *Upper Deck*. Dort lagert unser Müll und wartet darauf, im Hafen entsorgt zu werden. Über die Wochen hat sich dann doch sehr viel davon angesammelt. Sortiert nach »Plastic«, »Food Waste« und »General Waste« stapelt er sich da oben zu mittelalterlichen Schutzwällen. Wir haben ihn zwar fest in blaue Plastiksäcke verschnürt, doch der Gestank kriecht hervor. Es riecht unfassbar eklig, beißend, vergammelt, schimmelig. Es ist dort nicht auszuhalten, bin ich die Treppe hochgestiegen, flüchte ich sofort zurück.

Wenn es hier noch Piraten geben würde, wären wir nicht in Gefahr. Sie würden uns nicht angreifen, weil man unsere Stinkbombe meilenweit gegen den Wind riechen dürfte. Nehmt das, Piratenpack!

Canelle hat Rückmeldung von den Gästen bekommen. Alle sind demnach wohlauf und wollen Asyl beantragen. Sie werden jetzt über die EU verteilt, wobei die meisten wohl in Italien bleiben. In gewissen »Einrichtungen«. Die Minderjährigen kommen in gesonderte Unterbringung. Ich bin mit meinen Gedanken ganz fest bei ihnen, während ich Bettlaken und Handtücher von der Waschmaschine in den Trockner räume.

Kein Käse mehr. Kein Brot. Von grünem Salat gar nicht zu sprechen. Je weniger frische Vorräte wir haben, desto größer wird mein Bedürfnis nach etwas Knackigem, Saftigem – etwas Frischem eben.

Es ist noch eine Weile hin bis zum Abendessen. Vielleicht gönne ich mir einen kleinen Snack? Ich nehme die Treppe runter Richtung Maschinenraum und biege ab zum Lager. Dort führen zwei große, schwere Stahltüren zu den Kühlräumen. Der linke ist ein überdimensioniertes Gefrierfach. Mein Atem schwebt als weißer Nebel durch die dunkle Kammer. Eine letzte Packung Toastbrot liegt da, Eiskristalle auf der Folie. Der Kühlraum rechts hat Kühlschranktemperatur. Ich hebe eine Kiwi an – schade, angeschimmelt. Die letzten Orangen sehen noch ganz okay aus. Dann fällt mein Blick auf einen einsamen grünen Apfel hinten in der Ecke. Ein Apfel! Ich fühle mich wie Adam und Eva in einer Person. Aber ich widerstehe der Versuchung, einfach reinzubeißen und ihn allein zu essen. Das verkraftet mein Gewissen nicht. In der Küche schneide ich den Apfel in hauchdünne Spalten. Wie heißt die Einheit, die kleiner als Millimeter ist? Jeder Hauch Apfel ist kostbar. Ich selbst gönne mir zwei der Scheibchen, den Rest drapiere ich auf einem Teller und stelle ihn in den *Mess Room.* Vielleicht hat keiner Bock drauf, und ich kann gleich noch einmal zugreifen.

»Thanks, Tobi!«, ruft Patrick. Arnaud grinst. Wenig später haben wir auch keinen Apfel mehr an Bord.

Der Handyempfang ist super, ich checke, was in der Welt so los ist. »Der Vulkan Ätna auf der italienischen Insel Sizilien hat erneut Lava und Asche gespuckt«, lese ich bei der Tagesschau. Das Foto sieht beeindruckend aus, es zeigt den Vulkan aus der Ferne, an der Spitze schießt glutrote Lava hervor. Wie bekloppt, dieses Spektakel haben wir um wenige Stunden verpasst. Nun, der Ätna hat den Hahnenkampf definitiv für sich entschieden.

Honey & Tea

29. Mai und 30. Mai

Wir liegen inzwischen vor Palermo, doch bis auf die Ruhe der Maschinen deutet eigentlich nichts darauf hin. Als um 6.30 Uhr Stefans Wecker klingelt, geht gar nichts. Mein Körper kommt nicht hoch. Ich huste. Mein Kopf fühlt sich an, als hätte ihn jemand mit einem Vorschlaghammer bearbeitet. Habe ich diese mysteriöse Bordkrankheit bekommen? Sieht ganz so aus. Mittlerweile hatte sie schon fast die halbe Crew.

Ich schwänze das Frühstück und fehle bei der morgendlichen Besprechung. Um ein schlechtes Gewissen zu haben, bin ich zu schlapp. Ich kratze mir einen Mückenstich an der Hand auf. Heute Nacht haben die Mücken ordentlich zugeschlagen. Wir sind einfach nicht weit genug draußen auf dem Meer.

Stefan ist ganz fürsorglich und möchte mir das Frühstück ans Bett bringen. Lieben Dank, aber ich habe keinen Hunger. Eine Stunde später schleiche ich mich dann doch in Jogginghose und mit abstehenden Haaren in die *Mess*. Leider ist sie nicht so verwaist wie erhofft.

» Tobi, how are you? «

Ich blicke in besorgte Gesichter. Oder sind sie skeptisch? Glauben sie, ich simuliere? Es ist ein bisschen so, als müsste ich bei der Arbeit anrufen und sagen, dass ich krank bin. Da spricht doch jeder mit besonders tiefer Stimme und versucht, leidend zu klingen.

Doch mehr als mich räuspern und ein bisschen stammeln muss ich gar nicht, sie zeigen großes Mitgefühl und komplimentieren mich rasch zurück ins Bett. Meinen Lunch-Dienst übernimmt jemand anderes, wäre ja Irrsinn, wenn ich meine Bazillen auf allen Tellern verteilte.

Während ich penne, schleicht sich Canelle in die Kabine und stellt mir einen Thermobecher mit Tee und Honig herein. Er ist noch heiß, als ich aufwache. Mein Kopf dröhnt, ich quäle mich hoch und werfe mir eine der Paracetamol-Tabletten ein, die ich sonst an die Gäste verteilt habe, um ihnen Schmerzen und Fieber zu nehmen. Jetzt brauch ich die Pillen selbst.

197

Vielleicht habe ich diese mysteriöse Schiffsinfektion gar nicht. Vielleicht gab es die nie. Vielleicht ist jetzt einfach der Moment, in dem alles in mir loslässt. Der Moment, in dem der Körper sagt: Alter, du hast mich die letzten Wochen so hart rangenommen, jetzt verordne ich dir eine Zwangspause.

Die vergangenen Wochen waren tatsächlich die körperlich anstrengendsten meines Lebens. Und doch so beglückend. Trotzdem ist es kein Wunder, dass es dem Körper jetzt einfach mal reicht.

Leg dich wieder hin und sonst machst du nichts, befiehlt er.

Mein Hirn antwortet: Aber ich muss doch ...

Nein, beharrt der Körper. Du hast genug getan. Schluss. Denk auch an dich. *Self-Care.* Jetzt hörst du nur noch auf dich, also mich.

Keine Widerworte erlaubt. Widerwillig lege ich mich hin. Und stehe die nächsten 48 Stunden nur für Klo- oder Essensgänge auf. Schalter auf OFF.

Mosquito Coast

31. Mai und 1. Juni

Jan hat unermüdlich gekämpft – und gewonnen. Die italienischen Behörden haben unsere Quarantäne auf zehn Tage verkürzt. Vier Tage Lebenszeit weniger eingesperrt sein auf diesem Schiff. Vielleicht kann die *Sea-Eye 4* dann ja auch viel früher zurück in den Einsatz?

Wir genießen den kleinen Triumph. Eine kleine NGO gegen die Behördenstruktur eines großes Landes, das nicht offen ist für Menschen auf der Flucht. So wie jedes andere Land in Europa auch. Ganz Europa? Nein! Unbeugsame an Deck hören nicht auf, Widerstand zu leisten. Leider ohne Zaubertrank von Miraculix.

Ebenfalls ohne Hilfe des Zaubertranks kehre ich langsam zurück zu den Lebenden. Ich huste und schniefe noch, aber da bin ich ja nicht der Einzige.

Wir ankern so nah am Hafen, dass die Leute die *Sea-Eye 4* von der Küste aus erkennen können. Bewegungslos stehen wir da, wie ein Mahnmal. Sie sehen unseren feuerroten Rumpf. Unsere Flaggen. Sie wissen, wer wir sind, was wir tun. Auch den Sportseglern, den Fischern und den Passagieren auf den kommerziellen Dampfern bereiten wir einen Moment der Irritation, während sie eng an uns vorbeifahren. Machen wir euch Angst? Oder vielleicht ein schlechtes Gewissen?

Wahrscheinlich nicht. Ihr habt gelernt, uns zu ignorieren – und alles, wofür wir stehen. So wie nahezu der gesamte Rest das auch macht.

Nun könnte ich doch ein Zaubermittel gebrauchen – gegen Mückenstiche. Die Moskitos haben unsere *Cabin Two* als Eldorado auserkoren und schlagen nachts immer härter zu. Wenn das so weitergeht, habe ich in wenigen Tagen kein Blut

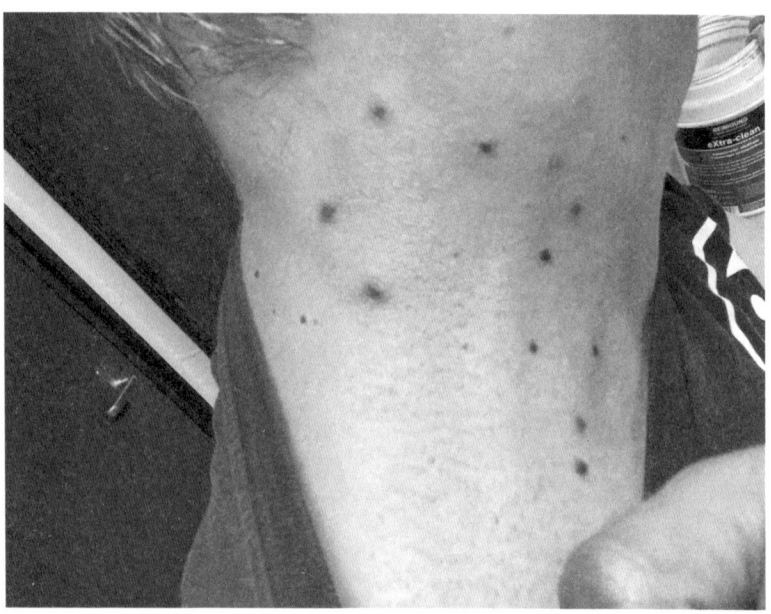

Die Mücken mögen meinen Hals. [40]

mehr. Es juckt leider fürchterlich, aber ich zwinge mich, nicht zu kratzen. Klappt leider nur manchmal.

Stefan hat übrigens keinen einzigen Stich. Die Mücken stürzen sich alle auf mich, ihn verschmähen sie. Dafür hat er angefangen zu husten und fühlt sich hundeelend.

Aber er wäre nicht Stefan, wenn er nicht trotzdem pünktlich um 6.30 Uhr aufspränge, um seinen Frühstücksdienst anzutreten.

»Das kann ich noch übernehmen. Ruh dich einfach aus«, biete ich ihm an.

»Nein, Tobi, das musst du nicht. Das kriege ich schon hin.«

Woher nimmt der Mann nur seine Kraft?

Tag 30
»Stay flexible«

2. Juni

Wir machen zusammen Sportübungen auf dem Sonnendeck –
»Sports with Arnaud« steht inzwischen als fester Punkt auf
dem Tagesplan, der Franzose treibt uns an zu Liegestützen, Sit-
ups und Dauerlauf auf der Stelle.

»Stay flexible!«, ruft er und boxt in die Luft.

Ein riesiges Kreuzfahrtschiff zieht behäbig an uns vorbei.
Gleich fährt es in den Hafen ein. Die dürfen das, denke ich,
wir noch immer nicht. Erst morgen ist es so weit.

Das Kreuzfahrtmonster blickt auf die *Sea-Eye 4* herab. Zum
Gruße machen wir Hampelmänner.

Warum kann man nicht mit solchen Schiffen Seenotrettung
betreiben? Gerade in Pandemie-Zeiten sind das doch Geis-
terschiffe, da geht momentan eh keiner an Bord. Man könnte
so viele Gäste unterbringen, so viele Leute retten. Tausende.
Zehntausende. Das wäre mal moralische Stärke, wenn ein
Kreuzfahrtunternehmen sich so etwas trauen und ein Schiff
zur Verfügung stellen würde. Nur eins. Was hätte das für eine

Außenwirkung auf andere Konzerne? Was wäre das für eine sensationelle PR? Ich glaube, selbst die vollgefressenen Kreuzfahrttouristen könnten sich damit abfinden, dass es ein Schiff weniger für sie gibt. Sie würden mit der Gewissheit an Bord gehen: Dieses Unternehmen lässt niemanden ertrinken. Das beruhigt doch ungemein. Kreuzfahrtanbieter, die eine Kooperation suchen, dürfen mich gerne auf Twitter kontaktieren.

Per Facebook erhalten wir eine Nachricht von Mahmoud. Er schreibt, auf Deutsch übersetzt:

»Mir geht es gut. Ich komme heute aus der Quarantäne raus. Ich danke euch allen. Ich danke euch, dass ihr mich so freundlich auf dem Schiff behandelt habt. Es ist gut, dass es euch gibt. Ich komme euch bald in Deutschland besuchen. Mahmoud«

Nina hat Tränen in den Augen. Die Nachricht bedeutet uns wirklich viel. Ohnehin werden wir alle wieder sentimentaler, je näher das mögliche Ende der Mission rückt. Das Schiff ist wie ein Magnet, es zieht einen magisch an. Ich will gar nicht weg. Die Crew und unser gemeinsames Paralleluniversum zu verlassen, wird wehtun.

Stefan hustet nur noch leicht. Er zieht sich seinen sportlichen braunen St.-Pauli-Kapuzenpulli über und sieht fast wieder kerngesund aus.

Tag 31
Einladung

3. Juni

Palermo empfängt uns, wir legen an. Endlich. An Land dürfen wir noch immer nicht, erst kommt der nächste Covid-Test. Diesmal ein PCR-Test, der von einem langhaarigen Italiener unter sichtlichem Zeitdruck bei uns an Deck durchgeführt wird. Ich darf leider, leider nicht mitmachen.

Dann wird der Müll abgeholt. Gammelige Brühe tropft beim Anpacken aus den Säcken auf meine Jeans. Wie war das? »Könnte nach der Mission unbrauchbar sein.« Äh, ja.

Leoluca Orlando wieder. Der Bürgermeister von Palermo hat uns für morgen ins Rathaus eingeladen. Er will uns treffen und auszeichnen. Wir diskutieren nicht lange, da gehen wir hin, auch wenn wir uns auf so eine seltsame Zeremonie nichts einbilden und NGOs aufpassen sollten, nicht vereinnahmt zu werden. Orlando aber – Jahre schon Bürgermeister der Stadt – ist einer der wenigen Unterstützer der zivilen Seenotrettung. Er hat verstanden, dass Flucht und Migration keine Bedrohung sind und Wanderungsbewegungen schon immer selbstverständlich und wichtig waren, gerade für eine große, pulsierende Hafenstadt wie Palermo. Hier sind viele Einwohner sehr offen für andere Kulturen. Das geht den deutschen Hafenstädten ja nicht anders. Bremen, Rostock, Hamburg. Eigentlich wäre Migration für ganz Deutschland wichtig, damit wir nicht vollends vergreisen.

Aber das Dublin-Abkommen macht es so einfach, die Menschen abzuweisen. Es legt fest, dass Geflüchtete in dem EU-Land Asyl beantragen müssen, das sie zuerst betreten haben. Solange sie also nicht mit Booten an der Nord- oder Ostseeküste anlegen oder fliegen lernen, ist Deutschland nicht zuständig. Alle Versuche, das System grundlegend zu reformieren, sind bislang gescheitert. Der Wert und die Chancen der Migration gehen in diesem Abkommen völlig unter.

Der Bürgermeister von Palermo vertritt eine andere Politik und hält damit nicht hinterm Berg. Es sollen Fotos mit uns im Rathaus entstehen. Vielleicht nutzt er das als PR. Uns soll es recht sein. Oft genug sind Seenotretter die Schmuddelkinder, mit denen keiner spielen will. Die nicht Menschen an Land bringen, sondern »Probleme, die es auf die Sozialsysteme abgesehen haben« (Reaktion auf einen Tweet von mir). Wir brauchen politische Verbündete. Die vielleicht eigene Allianzen schmieden, um für sichere Fluchtwege und Schutzräume zu sorgen, wenn es die EU schon nicht hinbekommt.

Wer weiß, vielleicht hatte Leoluca Orlando ja auch Einfluss darauf, dass wir nach Palermo übersetzen durften und unsere Quarantäne verkürzt wurde. Er ist bekannt dafür, sich gerne mit den Mächtigen anzulegen. Seit seinem Kampf gegen die Mafia lebt er unter ständigem Personenschutz. Leider hat er nicht die Macht, die Schikanen der Port Control zu verhindern. Für morgen früh haben sich die Beamten zur Hafenstaatkontrolle angekündigt.

Tag 32
Cittadinanza onoraria

4. Juni

Zum ersten Mal seit knapp vier Wochen festen Boden unter
den Füßen. Beton. Wir durchqueren das riesige Hafengelände.
Es tut gut zu entkommen. Erst haben die Behörden die *Sea-
Eye 4* von oben bis unten mit Desinfektionsmitteln eingeräu-
chert. Seither streifen zwei Inspekteure der Port State Control
mit gehobenen Augenbrauen über das Schiff, einer von ihnen
ist für Sea-Eye offenbar ein alter Bekannter – er soll für die
monatelange Festsetzung der *Alan Kurdi* verantwortlich gewesen sein. Die Idee hinter der Hafenstaatkontrolle ist eigentlich
eine gute, nämlich schrottige Schiffe aus dem Verkehr zu ziehen und so Havarien und Umweltverschmutzung vorzubeu-
gen. Außerdem werden die Arbeitsbedingungen der Besatzung überprüft. Nun durchforsten die Herren bei uns Papiere,
begutachten die Ausstattung und überwachen Sicherheits-
übungen der Proficrew. Die muss auch weiterhin an Bord bleiben, um Rede und Antwort zu stehen, nur die Ehrenamtlichen
sind entlassen, um zum Bürgermeister aufzubrechen.

Mithilfe von Google Maps bahnen wir uns den Weg durch ein heruntergekommenes Gewerbegebiet. Nach und nach aber werden die grauen Straßen zu verträumten Gassen, bei mir stellt sich das Rom-Gefühl ein, als wandelte ich durch ein Freiluftmuseum, geschichtsträchtige Bauten und Monumente, uralte Statuen und Kirchen, verschnörkelte Balkongitter, romantische Brunnen. Kutschen klappern vorbei. Hinge da nicht der leichte Abgasgeruch in der Luft, man könnte meinen, wir würden eine Zeitreise machen.

Auch das Rathaus ist ein historischer Klotz, dessen Prunk sich erst innen richtig offenbart. Marmorsäulen und Samtvorhänge, goldene Kronleuchter und reich verzierte Decken. Ich fühle mich völlig fehl am Platz.

Leoluca Orlando empfängt uns mit offenen Armen in einem Saal, wo sonst der Stadtrat tagt. Wir haben unser gestern gemaltes Transparent ausgebreitet: »GRAZIE PER LA SOLIDARIETÀ PALERMO« – das O ist ein Herz.

Der Bürgermeister hält eine Rede in einer wilden Mischung aus Italienisch und Englisch, überreicht Jan eine Urkunde, und dann dürfen wir uns alle stellvertretend für die Crews der *Alan Kurdi* und der *Sea-Eye 4* ins offizielle Buch der Stadt eintragen – »Cittadinanza onoraria della Città di Palermo«, wir sind jetzt Ehrenbürger der Stadt Palermo. Er spricht von einem Weckruf an Europa:

»The award of honorary citizenship is a wake-up call to Europe. It should not look the other way regarding the difficulties with migration.« Die Europäer sollten bei der Flüchtlingsproblematik nicht länger wegschauen, wie wahr.

Dann führt er uns durch die prunkvollsten Räume des Palazzo, zeigt sein Büro – wenn man die mit rot-goldenem Stoff ausgekleidete Sala Rossa so nennen kann – und tritt schließlich mit uns raus auf den Balkon, von dem aus wir den Vorplatz, die Piazza Pretoria, überblicken können.

Leoluca Orlando wacht über meinen Eintrag in das Buch der Stadt. [41]

»And here you hold your speeches to the people«, witzele ich und stelle mir vor, wie er sich salbungsvoll an das versammelte Volk wendet.

»No. I'm not a dictator, you know«, gibt er trocken zurück. Dann lacht er.

Nach all den politischen Spielchen, denen wir und unser Schiff ausgesetzt waren, tut es gut, einfach mal freundlich behandelt zu werden. Richtig ungewohnt. Und das an dem Tag, an dem Deutschland ein Hilfegesuch Italiens abgelehnt hat. Die italienische Regierung hatte Deutschland gebeten, einige der Geflüchteten und Migranten aufzunehmen, die das Land in diesem Jahr bereits erreicht haben. Und was hat die Große Koalition in Berlin geantwortet?

»Es besteht aktuell kein Bedarf zur Unterstützung«, so Lars

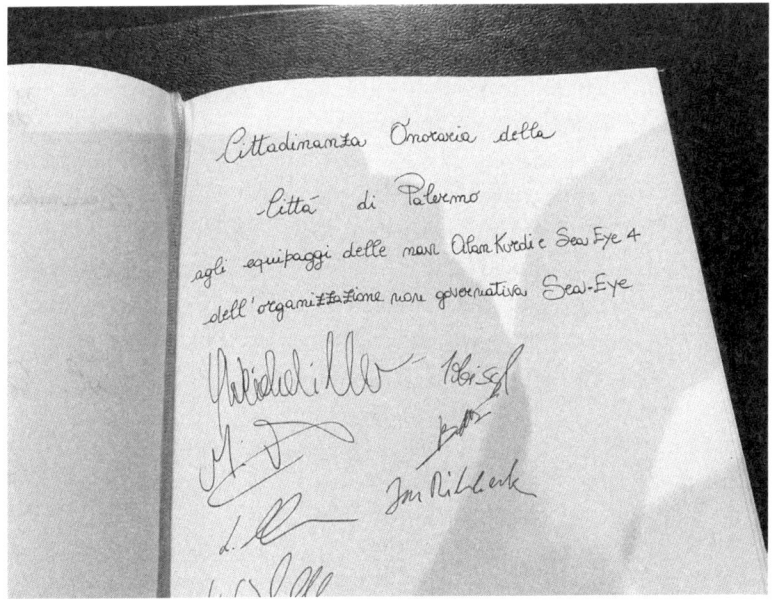

Die neuen Ehrenbürger der Stadt Palermo [42]

Castellucci, migrationspolitischer Sprecher der SPD-Fraktion.
Und was sagt die CDU?

»Es ist sicherlich ein deutlicher Anstieg, aber es ist nichts, was Italien nicht alleine bewältigen könnte. Eine deutsche Beteiligung ist vor diesem Hintergrund ausgeschlossen«, erklärte der Unions-Fraktionsvize Thorsten Frei.

Ha, in your face, Italy! Nimm das! Und das alles, obwohl viele Bürgermeister und Bürgermeisterinnen deutscher Städte bereit sind, eine gewisse Anzahl Geretteter aufzunehmen. Interessiert die Bundesregierung nicht.

Kein Wunder, dass die Italiener uns das Leben so schwer machen. Es ist schon Abend, und wie wir von den anderen hören, ist die Port State Control noch immer nicht beendet. Die Frage ist, ob unser Grüppchen in der Altstadt von

Palermo kurz mal anstößt auf unser Intermezzo beim Bürgermeister – aber wir entscheiden uns dagegen. Wäre unfair dem Rest der Crew gegenüber. Außerdem wollen wir wissen, was bei der Inspektion herauskommt. Bis wir das offizielle Ergebnis erhalten, dauert es zwar noch ein paar Tage. Aber schon heute Abend dürfte klar sein, wie es weitergeht. Ob und wie viele vermeintliche Mängel entdeckt wurden. Ob und, wenn ja, wie lange die *Sea-Eye 4* ungefähr blockiert wird. Nach der Entscheidung der Bundesregierung heute würde es mich nicht wundern, wenn Italien ein deutliches Zeichen setzt.

Und so eilen wir zurück.

Die Sonne ist gerade untergegangen, als wir das Schiff erreichen. Die Stimmung ist im Keller. Es ist wahr geworden: Wir werden festgesetzt.

Jan und Josh wissen noch nichts Genaues, aber über eines gibt es keinen Zweifel: Die Mission ist zu Ende. Wir Freiwilligen werden die Profibesatzung morgen verlassen und abreisen. Für uns gibt es nichts mehr zu tun. Alle Aufgaben erledigt.

Alle am Leben. Alle heilgeblieben. Alle an Land.

Wollen wir das nicht feiern? Das *müssen* wir feiern. Und nun stoßen wir an, tanzen ein letztes Mal gemeinsam auf Deck zu The Cure, K.I.Z und Feine Sahne Fischfilet. Doch es hängt eine dicke dunkle Wolke über uns.

Wenn ich könnte, würde ich jetzt sofort wieder rausfahren. Aber ich muss loslassen. Ich muss. Ich werde euch vermissen: Laura, Tine, Alex, Johannes, Lasse, Bohne, Sophie, Nina, Guillaume, Canelle, Liviu, Ion, Josh, Stefanie, Richard, Eddie, Urtzi, Jan, Patrick, Arnaud und natürlich Marlene und Stefan. Ein tief empfundenes Danke.

Tag 33
Abschied III

5. Juni

Über die Gangway. Ein letzter Blick zurück. Der Himmel schwarz zu blau, das Rot der Bordwand noch matt. Tschüss, *Sea-Eye 4*.

An Bord zurück lasse ich nichts als eine unberührte Gitarre.

In der Abflughalle erreichen uns die offiziellen Ergebnisse der Port Control. Während ihrer zwölf Stunden an Bord haben die Kontrolleure 23 Mängel festgestellt, von denen zehn schwerwiegend sein sollen. Im Kern kritisieren sie, dass wir zu viele Menschen transportiert haben. In der Tat, wir hatten mehr als 400 Personen an Bord. Weil wir an Menschen in Seenot nicht vorbeigefahren sind. Weil wir das Seerecht eingehalten und in der Not geholfen haben. Und jetzt werden wir ernsthaft dafür bestraft, dass wir zu viele Menschen gerettet haben? In welcher traurigen Welt ist das denn verboten?

»Die große Anzahl der geretteten Personen stellt eine ernste Gefahr für das Schiff und die Besatzung dar«, heißt es in dem Bericht. Hallo? Ich war dabei! Ich habe keine »ernste

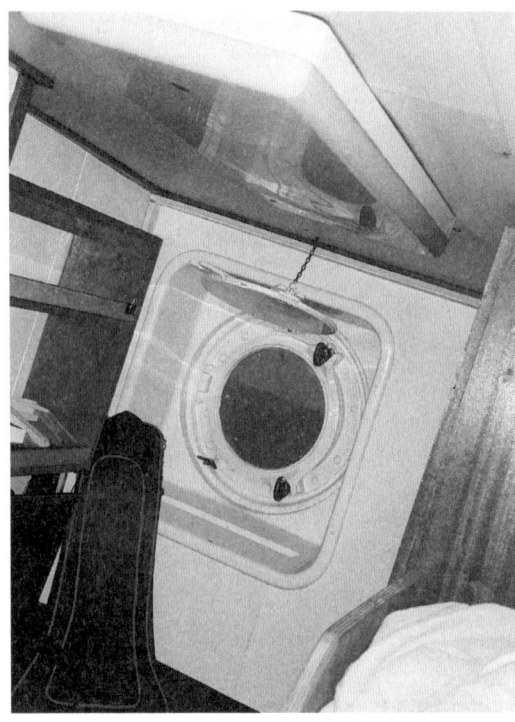

Cabin Two und
ihr ewiger Gast:
die Gitarre [43]

Gefahr « für mich feststellen können. Die größten Gefahren, die uns begegnet sind, waren das Auftauchen und Einmischen der libyschen » Küstenwache « und die nervenzehrende und alles verzögernde Suche nach einem sicheren Hafen.

Angeblich fehlt auch ein Zertifikat, dass wir überhaupt Seerettung ausüben dürfen. Die *Sea-Eye 4* sei nicht als » Rettungsschiff « klassifiziert. Das ist verrückt. Wir fahren unter deutscher Flagge – und in Deutschland gibt es so eine Klassifizierung überhaupt nicht! Abgesehen davon haben die deutschen Behörden der *Sea-Eye 4* kurz vor der Abfahrt von Rostock Richtung Burriana Sicherheit und Tauglichkeit bescheinigt.

Was soll das denn im Umkehrschluss heißen? Man fährt an Menschen in Seenot vorüber, winkt freundlich und ruft: Tut uns aufrichtig leid, wir haben leider kein Zertifikat, wir müssen Sie ertrinken lassen!

Beim Thema Seenotrettung im zentralen Mittelmeer gibt es kein Happy End. Meeresgrund oder libysches Gefängnis. Entscheiden Sie sich, welches Ende Ihnen lieber ist. Pest oder Cholera deluxe.

Die *Sea-Eye 4* wird lange nicht rausfahren können, genau wie die *Alan Kurdi. History repeating.* Auch bei uns gab es angeblich nicht genug Sanitäranlagen, und das Abwassersystem war unzureichend. Und den Klassiker haben die Herren von der Hafenstaatkontrolle auch ausgepackt: Wir hatten zu viele Rettungswesten an Bord.

Bei Twitter meldet Alarm Phone, vor der Küste Libyens sei ein Boot mit etwa 100 Menschen an Bord in akuter Seenot. Wir könnten jetzt schon wieder dort sein.

Seenotrettung ist humanistische Pflicht. Bei allen politischen Diskussionen um die Migration ist das doch das Mindeste, auf das sich alle einigen können sollten.

Zurück
in der
»Normalität«

Ich muss mit Stefan unbedingt mal zu einem St.-Pauli-Spiel gehen. Ich vermisse meinen Zimmergenossen. Wahrscheinlich ist er einer, der in der Südkurve pausenlos ruft, singt und hüpft.

Nina hält Kontakt zu vielen unserer Gäste. Sie leitet uns einige ihrer Nachrichten weiter. Zwei der Schwangeren durften Italien verlassen. Eine ist in Frankreich gelandet und eine in den Niederlanden. Beide betonen, wie miserabel die Verhältnisse in den italienischen Lagern gewesen seien.

»Sobald ich Asyl bekommen habe, möchte ich mich auch für Geflüchtete einsetzen. Ich möchte dieselbe Arbeit machen wie ihr und helfen. Mich für die Menschlichkeit einsetzen. Ohne euch würde ich nicht mehr leben«, schreibt eine.

Die Rückmeldung einer anderen Frau:
»Während meiner Reise wurde ich in Libyen als Sklavin verkauft. Ich brauchte fünf Monate, um zu entkommen. Vor unserer Überfahrt musste ich am Strand warten. Niemand

glaubte, dass wir überleben würden. Jeder war zu Tode geängstigt, denn das Meer war riesig, grenzenlos. Und alles, was ich sehen konnte, waren Wellen. Wir haben zwei Tage nichts gegessen, um unser Körpergewicht zu reduzieren. Wir tranken nur Wasser. Manchmal kann ich immer noch nicht glauben, dass ihr uns gerettet habt. Die Überfahrt war wie ein Albtraum. Als ihr uns gerettet habt, war es, als hättet ihr die ganze Welt gerettet. Ihr habt Bemerkenswertes erreicht, für das euch nur Gott belohnen kann.«

Niemand glaubte, dass wir überleben würden. Das ganze Grauen dahinter packt mich. Lange Zeit kann ich nichts, als auf die Tastatur zu starren.

Einige Tage nach der Mission schreibt mir Canelle: »Yes, you will manage. Don't rush it. Things will settle again, but give yourself time to process and integrate the experience in your life. You changed, something like that changes a part of us.«

»Nimm dir Zeit, die Erfahrungen zu verarbeiten«, rät sie. Es ist nicht einfach, zurück in der Normalität zu sein. Das Schiff hinter sich gelassen zu haben. Einfach so weiterzumachen. Also wäre nichts gewesen. Einfach so? Nein. Etwas hat sich in mir verändert. Canelle hat recht: »Something like that changes a part of us.«

Ich habe die rote Pille aus *Matrix* geschluckt. Ich habe gesehen, was auf dem Mittelmeer passiert. Das verändert. Macht demütig, was das eigene Dasein betrifft. Und gleichzeitig will ich die Ungerechtigkeit laut herausschreien. Deshalb habe ich mich entschieden, dieses Tagebuch zu schreiben, das Geschehen lesbar zu machen und zu veröffentlichen. Weil ich euch die Geschichte aus meinen Augen, mit meinen Gedanken erzählen wollte. Trockene Meldungen in der Tageschau gibt es zur Genüge. Ich hoffe, ihr konntet diesmal mitfühlen. Ich hoffe, dass ihr das, was an den Außengrenzen Europas passiert, nicht länger ignoriert.

Der Tod durch Ertrinken ist einer der qualvollsten. Er verläuft sehr langsam. Stellt euch vor, euer Kopf ist unter Wasser. Ihr könnt nicht auftauchen, vielleicht weil ihr nicht schwimmen gelernt habt oder nicht mehr wisst, wo oben und unten ist. Ihr haltet die Luft an. Der Reiz zu atmen wird immer größer. Der ganze Körper sagt: Bitte, ich brauche frischen Sauerstoff, und das ganze Kohlendioxid muss raus. Ihr kämpft gegen euren Körper an. Ihr versucht es jedenfalls. Der CO_2-Wert steigt immer höher. Euer ganzer Körper zittert. Und dann gebt ihr nach. Ihr atmet tief ein. Aber da ist keine Luft und kein Sauerstoff. Da ist nur salziges Meerwasser. Tief strömt es in eure Lungen. Oder die Stimmritzen krampfen und lassen nichts zur Lunge durch. So oder so bäumt ihr euch auf und kämpft um euer Leben, bis schließlich Hirn und Herz ihren Dienst versagen und euer Körper leblos davontreibt.

Niemand hat das Recht, darüber entscheiden zu können, wer leben darf und wer nicht. Wir haben alle das gleiche Recht auf Leben.

Jetzt habt auch ihr die rote Pille geschluckt. Ohne dass ihr es gemerkt habt. Macht was draus.

PS: Lisha, die hochschwanger war, hat in einem italienischen Krankenhaus einen Sohn namens Benji zur Welt gebracht. Mein Herz tanzt! Wir haben nicht 408 Menschen gerettet – sondern 409!

Hier noch der Beweis, dass wir alle an Bord irgendwie krank geworden sind. HAHA. Wir hatten alles, nur kein Corona.

Die Crew der *Sea-Eye 4* – was haben die denn bloß? [44]

Spendenaufruf

Die zivile Seenotrettung ist nicht nur auf Engagement, sondern auch auf Spenden angewiesen. Unterstützen könnt ihr zum Beispiel folgende Organisationen:

Sea-Eye e. V.
IBAN: DE60 7509 0000 0000 0798 98
BIC: GENODEF1R01
https://sea-eye.org

Sea-Watch e. V.
IBAN: DE77 1002 0500 0002 0222 88
BIC: BFSWDE33BER
https://sea-watch.org

United4Rescue – Gemeinsam Retten e. V.
IBAN: DE93 1006 1006 1111 1111 93
BIC: GENODED1KDB
https://www.united4rescue.com

DANKE!

»Echt ein starkes Buch!«

Deutschlandfunk Kultur »Lesart«

Tobias Schlegl

Schockraum

Roman

Piper Taschenbuch, 288 Seiten
€ 11,00 [D], € 11,40 [A]*
ISBN 978-3-492-31856-3

Irgendetwas stimmt nicht im Leben von Notfallsanitäter Kim. Zwischen Nachtschichten und Zwölf-Stunden-Diensten fühlt er sich wie betäubt, ist ängstlich und macht Fehler. Auch seine Beziehung zu Marie geht in die Brüche. Erst mit der Zeit wird Kim klar, dass all die Probleme mit einem traumatischen Einsatz zu tun haben. Als sein bester Freund Benny ihn auf einen Roadtrip ans Meer mitnimmt, bietet sich Kim ein unverhoffter Ausweg. Und er spürt, dass er sich endlich seinen Ängsten stellen muss …

Leseproben, E-Books und mehr unter **www.piper.de**